U0148947

元智通識叢書教育系列

王立文編著

通識教育文史哲課程對話錄

文史哲出版社印行

王序

今年在教育部教學卓越計畫的支助下，元智通識中心將核心課程與經典研讀的問題，重新探討一遍，我們自問現在的通識課如同自助餐式，老師開他們喜歡教的課，同學選他們喜歡上的課，一切合乎市場供需，通識中心的責任是否就盡了？還是有些原則不能完全讓市場主導。如果婚姻與家庭之類的課頗受歡迎，我們是否應多開幾班以符合市場，還是適可而止不要讓它們壓縮到倫理學、哲學概論等課。另外一個想法是通識課可否除了自助餐之外，亦有一些套餐，所謂套餐就是選擇性稍少，但每個課都很精實。若配有套餐，那麼自助餐就會減少，師生的滿意度是否會下跌？

元智通識有個初步的構想，核心課程可圍繞著學校的教育理念，圓融、卓越、宏觀、務實四大理念來開設，每個理念如同一個關卡，在這理念下可能就只有兩門課可選，如圓融方面是倫理學與認識視覺藝術兩門；卓越方面是思想方法與創新思維；宏觀方面是全球化議題與世界文化遺產；務實方面是民主法治與社區營造。因為課程數目會因之減少，這類師資一方面需要量增加，另一方面他們逐漸可以形成共識，該教些什麼。當然亦有些理想性較高的教授以為學校四大理念應直接溶入每一通識課程，這固然理想，但很難去要求與實踐，這樣的分割固然有些機械化，但運轉得當的話仍可以使其有機化；另外亦有些教授認為卓越、務實兩大理念交給專業教育去執行，通識負責圓融、宏觀即可。就通識教育中心的立場，它不易去要求專業教育去達成這兩大目標，只得退而求其次，將其在份內的課目，安排去為這兩大理念略盡棉薄之力。當然這樣的改變，如果一下子推動下去，師資、教材、共識都會有問題，因之是急不得的事，要謀定而後動，徐步推展或許能成功。

另一件重要而不易執行的是現代學子對文化經典的研讀，資訊氾濫，網際網路推波助瀾，年青人週遭充滿了新奇而速朽的信息，對於蘊涵在經典中亙古不變的天理人情反而接觸的機會少了，文化斷層造成傳承的困境，大家都喜歡輕薄短小的事情，甚至於思想也急功近利，生命如浮萍，茫然不知其意義，因之患憂鬱症者比比皆是。文化經典的研讀是元智彭宗平校長想大力推動的，通識教育中心自然不能置身事外，經典研讀當然有助通識教育深化於青年學子之心。彭校長提出經典五十的說法，並不意味學生要讀五十本經典，合理的想法是校方提出五十本適合大學生的經典，同學在其中選讀。也許用五十個 credits 的想法會比較容易落實，比方說我們把經典分為A、B、C三類，A類經典一本十個 credits，B類經典一本五個 credits，C類經典一本二個半 credits，如果一個學生看完五本A類經典，基本上他就滿足了學校的要求。另外的做法，他可以看二十本C類的經典，也可以完成五十個 credits。只要組合到最後，有五十個 credits 就算過關，如此學生的經典水準或許就可以差強人意，亦算一個具有文化素養的人了。

這一本通識教育文史哲課程對話錄中有很多大學名教授及高知識份子的討論，因所談的都是大學教育的問題，有其廣泛面亦有深入面，由於皆是以小型座談會的方式舉行，更容易產生"神來之筆"的智慧火花。如果將這些精闢的討論，僅當一般會議處理，未免可惜，遙想當年有柏拉圖對話錄、懷德海對話錄及古聖先賢的對話錄常常是字字珠璣，意義深遠。本書雖非古人所言，但皆是現今社會精英中的精英，其中對話皆是頗具智慧的，本中心願將這些智慧分享有緣讀者，亟望對大學教育的品質之提昇有所助益。因紀錄未見得能完全掌握講者的真意，若有任何紀錄不當造成歧義應皆是本中心的疏失。無論如何，有這本學術結晶出現，還是要感謝教育部卓越教學計畫的支助。

元智通識中心主任 **王立文** 謹識

二〇〇五年十二月

通識教育文史哲課程對話錄

目　次

王　序……………………………………………………………一

一、全球化觀點看文史哲教育（第一次討論會紀錄）…………………五

（與會人員：國泰慈善基金會董事長錢復先生、蔣經國國際交流基金會董事長李亦園院士、元智大學管研所孫震講座教授、台灣大學歷史學系黃俊傑教授、中央研究院許倬雲院士、台灣大學中文學系蕭麗華教授、元智大學王立文副校長、元智大學人文社會學院劉阿榮院長、元智大學企管學系尤克強教授）

二、文史哲教育泛談（第二次討論會紀錄）………………………二九

（與會人員：元智大學通識中心王立文主任、人文社會學院劉阿

榮院長、師資培育中心謝登旺主任、通識教育中心詹海雲教授、
師資培育中心梁家祺教授、開南大學通識教育中心李汾陽主任、
台灣大學中文系蕭麗華教授、育達商業學院通識教育中心曹秀明
教授）

三、由通識的觀點談藝術教育（第三次討論會紀錄）……四五
（與會人員：元智大學通識中心王立文主任、藝術管理所王德育
所長、師資培育中心謝登旺主任、藝術管理所徐水仙教授、終身
教育部馮明德副主任、藝術管理所秘書簡婉小姐）

四、由通識的觀點談中文教育（第四次討論會紀錄）……五一
（與會人員：元智大學通識教育中心王立文主任、中正大學中文
系謝大寧主任、台北大學中文系賴賢宗主任、台灣大學中文系蕭
麗華教授、黃奕珍教授、元智大學通識教育中心林妙芬教授、莊
舒雯教授）

五、由通識的觀點談歷史教育（第五次討論會紀錄）……七五

（與會人員：元智大學通識教育中心王立文主任、台北教育大學社教系張弘毅教授、中國文化大學史學系桂齊遜教授、王怡辰教授、開南管理學院通識教育中心李汾陽主任）

六、**由通識的觀點談哲學教育（第六次討論會紀錄）**……九三

（與會人員：元智大學通識教育中心王立文主任、東吳大學哲學系葉海煙教授、育達商業學院曹秀明教授、元智大學通識教育中心孫長祥教授）

全球化觀點看文史哲教育（第一次討論會）

通識教育中心「教學卓越計畫」：倫理永續經營——文、史、哲課程整合

時間：九十四年六月二十四日（星期五）上午 9:30~11:30

地點：台大校友聯誼社三樓會議廳

與會人員：

諮議委員：國泰慈善基金會董事長錢復先生、蔣經國國際交流基金會董事長李亦園院士、元智大學管研所孫震講座教授、台灣大學歷史學系黃俊傑教授

特邀校外學者：中央研究院許倬雲院士、台灣大學中文學系蕭麗華教授

校內學者：元智大學王立文副校長、元智大學人文社會學院劉阿榮院長、元智

大學企管學系尤克強教授

紀錄：呂佳思

會議主題：

從全球政經文化的觀點看大學的倫理、文史哲及其他課程是否需要調整？

主席致詞（王副校長）：

李院士、許院士、錢董事長，還有台大的蕭教授、本校的總務長、劉院長，現在學校通識課程有兩個比較重要的部分，一個就是倫理學，倫理課程。倫理課程事實上是在前兩年我們設計了十門課，倫理學程有含：倫理學、企業倫理學、倫理與公共事務、生命倫理學、自然資源與環境保護、網路資源運用與倫理規範、工程倫理、環境保護規劃概論、禮樂教化與身體教育、文化解析能力空間動作。課程的設計並不是爲了哪一天有非常多的人來選這個學程，而是說我們擺非常多倫理課，學生怎麼碰都會碰到，比方說他如果對環境有點興趣就可以選環境倫理的課，如果對企業有研究的話那就選企業倫理學。所以，從這個角度看我們是開設很多課程都跟倫理有關係，假使有人很有興趣的話，他可以選很多，他如果沒有太大興趣的話，也許多多少少都會碰到一點。這是一個策略，讓大家在大學的時候就對倫理問題多做思考。另一個就是談到文史哲的課程，希望能有一個整合的作法。現在，在通識教育裡面開的文史哲課程，分散在人文藝術和社會科學兩大部分。當初課程出來是自然形成，現在從全球政經文化的觀點，是不是有些課程該做一些改變，文史哲的部分可以多著墨一點，因爲倫理學課程，事實上我們已經進行了一段時間，拿到教育部的計畫四年，不論是好不好，我們都可以進行下去。但是文史哲課程還是一個開端，尤其是在一開始，希望能夠得到很多的想法，讓我們走到一個比較好的方向去。這回請各位來對我們的通識課程做指導，所以，今天我想就是要將重點放在這個課程上。我們對於倫理的學程、課程是加強了一陣子，倫理的學程或課程它的底還不是很厚，它的根部分我們希望再能夠把它加強一下。今年教育部的「獎勵大學教學卓越計畫」，元智大學拿到六千八百萬，學校開始希望通識或是人文這邊提供一些計畫，我們在想還是把文史哲的課程好好的整合一下，並繼續加強倫理課程。

許院士：

全球概念的政治方面我們需要注意，原因是政治在前面，公權力在後面，我們知道，現在在台灣跟政治有關的，直接談到族群的認同、國家的定義。幾百年來我們視以爲常規的選舉是一人一票、多數決。老實講，全世界選舉都發生了問題。民主程序到今天真是到了要檢討的地步，這叫前不見來人。所以今天民主政治的過程我們認爲神聖的倫理不能忘記。

這個當地、在地化的情緒困擾太多。最近釣魚台的主權跟漁權，我都不太清楚，我們要漁權不要主權，這真的是莫名其妙。主權要是從釣魚台延伸，宜蘭都在釣魚台的延伸範圍之內。倒過來我們宜蘭可以涵蓋到澎湖島，這都是需要討論的。所謂忠於國家，對於國家的忠誠，對民族的忠誠，我們今天對於學生應要有相當程度的指引。

經濟的部分，我剛剛看課程規劃很不錯。多國公司、多國經濟、多國的創作，就網路上，法律管不住他，沒一個國家法律上可以管的住。

通識課程以內容爲主，我自己分類我們討論一個問題，討論 content 所有學科都不一樣，內涵都不一樣，但討論過程跟討論結構許多學科都可以一樣。懂了一個知識對於別知識的結構我們大概可以領悟到，但是這個純爲知識的範圍，知識沒有辦法轉嫁到行爲上，沒有辦法轉嫁到倫理上，倫理是我願意才做，是不是大家都這樣那還不一定了。

錢董事長：

一人一票是絕對是對的，民主是所有政治制度裡面最好的，沒有一個比它更好。現在推行的民主政治是不是真正的民主政治，民主政治是民意政治，民意的表現就是民意代表，但是因爲老百姓太多了，不可能每個人都講話，所以由他選出來的代表，代表他講話。但是今天的台灣民意機構有一個非常特殊的現象，是全世界不太多見。那就是越認真問政，越認真做民眾喉舌的人，大概當選連任的機會很少；越惹事生非，打架啦，做一些不該做的事情啦，他當選連任的機會反而大，而且往往高票當選，這顯示了我們的選民本身有相當的問題。

事實上，政治這個事情一定要熟思慎斷，因爲關乎大家的利害，不是我一個人。所以，不能夠根據我一個人的緊急應變來做判斷，而要謹愼熟思。這個過程一定要慢的，尤其是在民主政治之下，這個決策的過程應該是很慢。我們現在都是立即反應、緊急應變，所以會出這麼多事情。那這個問題在什麼地方？也就是說真正有實行民主政治而懂民主政治的不多，我一直想辦法灌輸在每一個政治領導者的心中，就是你的頭一個責任是坐在你辦公室，跟你的幕僚群談重要的事，不要哪裡有水災就去、不要哪裡有什麼東西塌了馬上就去，那個是當地的政府的事，你頂多發一個電報表示關心、打個電話給他。你真正的責任，就是你這個所要管的事情，下面的人不能夠協調、配合你，要找來、罵他們：你們一定要聽我的話，要協調、要配合、要整體的力量把事情做好。

二十一世紀，我們的課程在政治這個方面一定要強調：全球化。全球化以後，想要如何全球化，就不能過分的強調在地、本土，要直接強調在地、本土，就是直接跟全球化牴觸。因此，一定要有全球化的課程，特別是許院士講的跨國公司，我想你們跨國公司的課程一定有吧！但是，這個全球化一定是一個趨勢，一定要注意。

區域化的趨勢怎麼樣 move，這個基本的觀念要讓大學生知道。有幾個例子像釣魚台護漁事件，這些東西都是媒體跟民意代表在那裡運作、在那裡操作，而老百姓沒有辦法分辨是非，所有的既得利益者都要千方百計動用國家的公權力來保護他們不當的資本；前幾天郭台銘說，對富豪收稅是共產黨的作爲，天下哪裡有比這個更難聽的話。共產黨根本不容許你有富豪存在，是不是這樣？

第三個部分就是資訊社會。記得我最早教書是在台大，是民國五十幾年，最後一次教書是民國八十八年，中間差了三十年，我拿過五十幾年的學生跟八十幾年的學生比，發覺五十幾年的學生，規規矩矩、上課認真，但是他們的頭腦不如八十多年學生好。八十幾年的學生不認真上課、睡覺，對於師長也沒有什麼敬意，所有的基本的倫理都沒有，倫理的觀念都沒有，但是有一個就是，他們頭腦非常好，考試的時候八十年代的學生比五十年代的學生，成績平均好很多。假如我這個觀察是對的話，那我的想法就是，現在的學生的資訊比過去的學生多，他的這個理解的能力比過去好很多，但是現在的學生放縱自己，喜歡搞笑，這個連帶影響到我們的媒體，影響到我們的民意代表，影響到我們所有的東西，沒有原則，好似我要怎麼樣都可以。

倫理教育對於基本的價值觀一定要重新恢復起來，現在的問題是舊的價值觀通通打亂，父不父、子不子、師不師、生不生、君不君、臣不臣，這就是我們今天的社會，怎麼樣把價值觀重新建立起來，應該是倫理教育主要的任務。

李院士：

在基本課程設計面上，關於倫理的課程也許可以把它設計成兩個層次。頭一個層次是，一般我們能看到的倫理功課，就是不管是教工業倫理，教企業倫理，教公民生活，教這些其他的。這一些功課都可以開，但是這一部分我把它看成第一步的功課，教給學生怎麼樣是倫理，應該怎麼樣跟人相處，應該怎麼樣參與公民的生活，這一些當然要教。但是，教這些功課只是讓他們懂、知道，但是沒有辦法很有效的讓他願意去做，但是教的話他們都懂，但是因爲種種的環境，他們剛剛兩位講的政治的這些問題，現實的影響，還有錢院長講到全球化的問題，資訊太多，使他們根本被誘惑了，慢慢的無意當中就違反了內心真正的原意。

建議教倫理的應該有第二層次的功課，著重於不僅僅是認知，而且教他該不該，讓他自己自動的能夠在下意識裡面來實現這些倫理，這個第二個功課更重要，所以這分成兩個層次。第二個功課的這個部分就是教的蠻理論的，讓他從最基礎、最根本的一堂來認識應該遵守這些倫理，不只是應該遵守這些倫理，有當代的倫理，真正願意做的話，那我覺得還可以再分兩個群，或者實際上只要兩個功課，讓他有基礎認識，讓他從下意識願意來遵從這些倫理教條的，這一部分是實際上更重要一點，那這一部分的功課是大半是一般大學沒有的或者不著重，那這一類的功課我建議有兩個功課，一個就是活用剛剛許先生講的，對於政治、對於族群的認識，一般對於這些認識都是皮毛的，沒有能夠可以從全世界，不同的民族、不同的文化立場來理解這些政治這些族群的關係怎麼出現，那這一點上面我要回到我的本行，從人類學上認識文化。

從文化的理解上，真正了解文化的時候然後再來談理解政治、理解族群、理解整個地球的永續發展。對於西方的文化的批評，西方的競爭這種文化，趕盡殺絕，這個資源無窮的文化的立場，假如不被點醒，不被了解的話，這種族群的競爭永遠沒有止境。那麼，更進一步對宗教的理解，對於基本宗教的理解也是非常重要的。這些如果有一些功課，我的建議是王先生來主持一個叫『文化、宗教與歷史』完全從基礎性來理解文化，理解宗教信仰的基本不同，跟歷史發展的過程當中，有這樣的，來讓它能夠結合全球化的需要、區域化的需要、資訊化過程當中的需要，讓學生能夠從基本上來理解，願意理解那個原因，才有意願遵守那些倫理規則。

黃教授：

目前，元智的規劃『倫理的永續實踐』爲一個總的、比較高層次的構想，然後下面文史哲、科學，希望把它放在創新的、國際的、整合的資訊，特別在一個全球化的理念來考慮，這個我覺得整個架構可行性非常高。

全球化當然是一個趨勢但是因之所帶動的貧富，在國內脈絡的鴻溝的加快加深，國際脈絡裡面富國強國，這個永續實踐這個層面，是否對於全球化潮流裡面的另外一面，我們是否也要安排一些課程，來讓學生來了解，這樣比較平衡一點。在全球化裡面的脈絡講倫理，有沒有可能經由課程安排而教導一些具有東亞文化傳統特色的新倫理。

以元智的規模不需要這麼多的自助餐式。自助餐式的課程學生基本上都是挑一些比較營養一點的，其結果通通不營養。可能是用套餐的方式，而不是自助的方式會比較好一點。就是說規劃把它更像李院士剛才所講的，稍微分點層次。

王副校長：

跟各位報告一下我們的課程設計：CS 就是代表社會科學類，LE 就是人文藝術類，課程也許還可以再調整一下，內涵還可以再豐富一點，另外就是層次也可以做一些引導，假使覺得程度比較可以再深入一點的話，那他知道哪些課程可以深入。所以我在想是不是今天開會的重點是這些課程逐漸走向可以有結構化，有一個想法進到這裡能夠去達成。甚至再過一段時間，我們要把科學也拿進來一起思考。所以，這次我是把社會科學跟人文藝術的擺在一起，主要是因爲文史哲的關係。將來如果科學也進來，就科文史哲，在這方面就可以更全面性一點。

共享一篇李澤厚寫的一篇文章，提出來所謂的邊緣學科或者邊緣科系，他覺得很有意思的就是去探討一些科學史，科學史就是科學和歷史，還有看到很多書，譬如說哲學史，哲學跟歷史形成的一個教材。所以我覺得文史哲它其實有很多交集，甚至於有的學問一科就含文史哲，譬如說佛典選讀我覺得好像它有哲學的部分，有它的歷史，它的文字也是文學。我們今天討論的是從全球政經文化觀點來看。許院士剛才提到到底是文化爲主，政經爲輔，還是說每一個都很重要。這個部分，其實也可以是公開的討論，以 open mind 來形成共識。

許院士：

貴校現在導師制度怎麼樣？實行導師制時導師本身有責任，他們要受一點點的訓練，因爲你們開課很多，至少老師可以告訴學生，哪幾門課你們應該要去修。他可以幫助學生，同時學生在與老師 interaction 的時候可以幫助他們。當然我到貴校參訪以後，那麼我對你們的設備，尤其是遠距教學課程感到相當完善，假如用這種長處來使用上，我以爲我們常缺兩個東西，一個就是過去的課留的底子，希望能隨時抓出來。假如導師知道哪一門課有哪幾個好檔案，他自己就能推薦。那麼一位導生提出問題，老師就可以找到相關資料，然後繼續討論。

蕭教授：

文史哲這個課程的架構，這也是剛才黃老師提到說的具有全球性和地域性知識，我原先也在思想這個問題，我們在實務上接觸學生，面對一個問題就是說在台灣目前的政治問題，課程只要掛上"中國"兩個字問題就大了。剛剛在想說要如何提升中華文化裡面的這些文明精神與領域的課程，把它變成是世界性的文化遺產，而不是所謂的在地化的問題上面。因爲剛剛許院士也提到如何用全球化來沖淡在地化引起的這個危機。這個如果我們能在課程上也思考這個問題，中國本身存在的這些文史哲裡面的精華，要轉化一個定位，它是一個世界文化遺產，而不是在政治認同上。

實際上參與課程過程裡面，很直接面臨到的一個思考。就是想說要改一個課名，包裝一個漂亮的課名，但實際上的內涵要傳達的還是在文史哲這個範圍裡面。在裡面，剛剛許院士說導師制部分的問題，我覺得也很有意義。因爲從院長提出的人師的這個精神，有時候不是在認知這個層次，他會進入意識跟行爲這一部分，那怎樣讓進一步學生在生活中可以實現。這些建議都很精采。我只是一個學文學的人，沒有這麼廣寬的視野。因爲這個會議，有助於在課程跟授課的內涵上自我的提升。文史哲的課程若妥善操作，它們可以變成比較有全人的意義。

尤教授：

就剛才許院士提到的這個導師的方式作個回應，那我必須很遺憾的說，因爲我們在第一線。元智有導師制度，我們也很勉強的一度維持下來。但是現代時代不一樣，現在學生不要說老師對他有多少影響，連父母都沒有什麼影響，他們大概都從朋友之間互相影響，所以在修課方面大概都不會聽老師的話。現在的價值觀不像許院士講的那樣，老師把研究弄好就什麼都有。所以他們都不太在意怎麼樣把課教好，怎麼還會在意如何照顧學生呢？

文史哲到最後，從教育的觀點來講，還是離不開要用文字來溝通，文字是一個工具。那在文字方面，我們有大一、二的教育，有大一中文，大一英文。那我了解，現在大一的英文是通通交給應外系，就是應外系的去弄。他們都很希望通識拿回去，他們應外系也要寫 Paper，也要搞專業，所以未必想教好通識大一英文。所以我想要請問三位前輩，有沒有可能在教英文不要教這麼簡單的。我覺得大一在教中文的時候，我們用一些古文，中間就有哲史在裡頭。

黃教授：

我剛才因爲聽了兩位回應的意見，我忽然想到以下具體的想法：就是文史哲的課程部分，我想可以用一個辦法就是以經典的選讀，文史哲的經典選讀。

第二點是因應剛才的那種想法，也許在元智的教學卓越計畫項目下面可以成立一個暫時的任務編組：center for teaching and learning。或者把這種 center for teaching and learning 的功能整合到現有的通識教育中心也可以。

第三點意見，我想任何元智的最具優勢的遠距教學設備，是否可以考慮建構元智 education on line。因爲現在年輕人是透過網路來學習的，那剛才像比如說許老師講的典範型的人物都可以把他擺在元智 education on line，這將來的全球化元智有個互動。像這種工作在台大可能困難，但元智是通訊掛帥的，學校應該沒有問題。

劉院長：

在元智大學的不管是通識教育也好或者是推動全球文化政經活動來看，確實要了解老師們的想法和學生們的想法。我過去也一直接觸學生，所以我非常同意剛剛包括許院士、黃老師或者錢董事長提到的，盡量把這些好的課程規劃之後，能夠透過現在資訊的科技把好的能夠保留下來，甚至透過網路的傳播。

大師的人物典範，確實也可以透過類似這種方式來給學生做介紹，如果可以按照正規課程安排去推動，當然也可以從經典的研讀跟這些人物的介紹。最好的方式就是透過一種講座，就是說正規課程以外的輔助課程裡面，大師系列的講座，這些講座也一直跟通識有配合。

其實通識教育不只是通識教育中心的老師責任，全校的老師在他的專業之外，就應該有通識的素養，一方面是知識的提供，另一方面就是本身的人文氣息，都應有知識份子的胸襟。有感於目前國內的許多大學的讀書人或者大學教授，真的把整個大學的格局做小了，希望老師自己本身也反省，也能夠改進，另一方面我們也希望學生從老師這一輩的改進當中，能夠逐漸的重視知識方面的一個理解、認知，當然行爲的實踐這是元智一直非常重視的，所以會推倫理學程也是希望透過這些再行深入實踐。

錢董事長：

剛才劉院長講的說是老師跟同學要檢討，這個導師教導學生的問題，總務長表示大概可能性不大，我覺得沒有關係，辦的到做全盤的，辦不到我們做小一點的。也就是說，給幾個，少數幾個老師他有興趣做導師的還是給他做，少數同學有興趣由導師來指導他，還是做，做了以後口耳相傳，慢慢的會擴大。

黃教授談到的全球化，他把全球化分成兩個方向，這個是不錯的，一個是**Fukuyama**(法蘭西斯．福山)，大前研一，但是另外一方面也有人在研究由於全球化以後，造成全球的富者愈富，貧者愈貧，國家如此老百姓也是如此，這也就是**Jeffrey Sachs**，哥倫比亞大學地球研究所的所長，他也是聯合國二十一世紀計畫主持人，大概三個月前他發表了一本書，這本書就是剛才黃教授講的針對全球化後，造成全球的貧窮問題，深化而不是淺化。他這本書裡面提到惟一的例外就是，赤貧就是 below the poverty line，就是一天生活不到一塊美金的這種人，人數大量的減少，大量減少的原因是因爲中國大陸最近的改革開放，讓很多以往好多億的人，現在收入都在水平線之上，我覺得傑佛塞德的結論是值得我們去思考。所以我說全球化的課程真的要用心來，就是兩方面要兼顧。

黃教授：

我覺得在安排大學部一般性的共同課程的時候，這個中文教育的問題。在整個大中華文化圈，台灣對本國語文有特別的優勢，因爲台灣沒有經過文化大革命的灼傷，但是自從公元兩千年以後，就是說台灣來把自己的中文的優勢，在大中華文化圈裡特具有的優勢加以摧毀。那麼，所以是我們考量大學部教育的時候，要特別面對的一個，具有台灣特色的問題。如果這樣下去，台灣地區所培養出來的華人大學畢業生，在大上海地區的就業競爭力大爲降低，看整個中國崛起的趨勢，台灣似乎在自我邊緣化。

王副校長：

這次的討論，受益良多，感謝諸位的參與，那麼會議就進行到此爲止，謝謝。

文史哲教育泛談《第二次討論會》

通識教育中心「教學卓越計畫」：倫理永續經營——文、史、哲課程整合

時間：九十四年八月二十五日 上午10:00~12:00

地點：R5501

主席：元智大學通識中心王立文主任

與會人員：人文社會學院劉阿榮院長、師資培育中心謝登旺主任、通識教育中心詹海雲教授、師資培育中心梁家祺教授、開南大學通識教育中心李汾陽主任、台灣大學中文系蕭麗華教授、育達商業學院通識教育中心曹秀明教授

紀錄：呂佳思

會議主題：

主席：

首先，感謝諸位能撥冗參加這次的會議。我們今天所探討的是在通識課程中加強文史哲，從另一個方面來講就是說在很多學校裡面對科技的發展花比較多時間，相對需要文史哲來平衡一下。我拿了清華大學的核心通識教育作參考，清華外語八學分元智是十二個學分，文化經典是4學分相當於本校的中文課程，歷史思維2學分元智是歷史二學分，其中差異最大的就是外語。再看我們選修通識課程十二個學分清華是六學分，我們的現況與未來，改變發生在外語十二學分保持著，文化經典四學分也就是中文保持著，歷史二學分保持著，可是中華民國憲法與立國精神可改到核心通識課程裡面去了。元智未來的核心通識課程分爲四大向度：一、圓融　二、卓越　三、務實　四、宏觀扣緊我們教育理念，圓融含美善情操，卓越向度含思想方法，包括批判思考、創新思維，務實向度將社會、文化、科技全部整合，宏觀向度是包含生態探索還有生態環境與全球變遷。每個向度我們開二、三門課，所以課程會不像以前只是自助餐而是會有套餐。

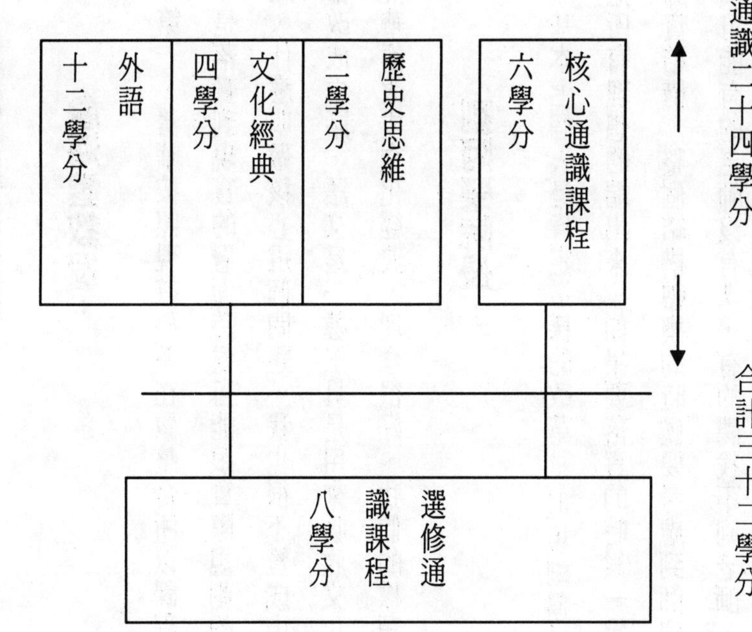
共同必修與核心通識二十四學分
合計三十二學分
核心通識課程
六學分
歷史思維
二學分
文化經典
四學分
外語
十二學分
選修通識課程
八學分

詹海雲教授：

第一、清華按照現有科系在做整合所以課程的規劃是這樣，基本上還不錯，第二、是落實到現實的層面時候可能跟實際規劃的出入還不小，第三、是所謂的核心通識，什麼叫做核心這個問題，我也很不贊成中文現在的教法，目前高中國文基本上都改成白話，語文是一種工具是用來吸收文化的，比如像元智的大一國文要改善像清華都改成文化經典，理念很好，我們的標題比他們更好但是課程要怎樣配合。

劉阿榮院長：

基本上個人是肯定這樣的改革，但規劃還是要落實，如果僅止於規劃那我們可以把所有理想的端出來，如果要落實的時候一定要考慮到現實的事情，元智有多少的師資結構，整個結構轉換的時候要考慮到師資怎樣去做調整，不然課程規劃出來以後可能有的老師沒有課，有的課找不到老師。當然以目前來看像我們主席是從清華模式再修改到元智上的，如果這一個規劃很好，要實現一定要考慮到這個學校的老師如何來搭配，當然除了通識的老師以外我們可以找學校裡非通識的老師，這是我第二點表達的，第三點比如核心通識六個學分我認爲要的話就直接改成八個學分，把核心通識放在上面底下就切成四塊，就把第一頁的圓融、卓越、務實、宏觀四個元智的特色把他放在裡面，也就是說這六個學分其實可以把它改成八個學分，改成八個學分核心通識底下的元智教育理念把圓融、卓越、務實、宏觀切割成八個，這八個學分少了兩個去哪裡尋求呢?不是從左邊去拿外語的兩個學分就是從選修通識課找，如果三十二個學分不變的話這樣看起來比較好看。第四點要表達的是，如果要往前瞻去看目前通識這個架構呈現出來的，比如說主席強調倫理是通識的特色在這邊無法表現出來，如果要弄成學程的時候，推展元智的特色比方說倫理教育的學程這邊就會被打破了。

主席：

原來我們是三十二個學分，學校剛花了許多錢投資在外語教學設備，現在要從外語挪兩學分過來有點難，剛剛詹老師說把中文改成文化經典，這是不錯的。

詹海雲教授：

歷史放到核心課程，我們在規劃課程的時候應該先朝理想性去做，然後我們再落實到現實上。

主席：

理論上我們現在用的是自助餐式，自助餐式每個老師選他最專長的，學生選他喜歡的所以這個滿意度會高，但如果改成核心課程的就很難講了，因爲老師要遷就這個課程，而且讓學生覺得通識課程還是要花很多力氣才會修完。

蕭麗華教授：

如何讓通識教育在時代的變動當中培養學生，核心課程其實是要走向套餐式的，那這邊牽涉到理想與現實的問題，目前元智擁有的師資有空間再開發，我的建議是應該有雙向的東西，一方面保有原來屬於自助餐式的課程另一方面開發比較缺乏的部分，可以聘校外的老師或者是通識以外的其他學院的老師，像台大有一種方式，就是由共同教育委員會審核各學院的教師，他們希望開什麼課程，他們可以提出的計畫，由委員會來審核，然後會給一名教學助理，或由多位老師一起來教學。

曹秀明教授：

元智的通識課程強調以人爲本，重視全球化與在地化，課程的發展觸及全球化在地化，像通識教育的宗旨是全人教育，那通識的內涵是宏觀、圓融，課程的發展也希望顧及全球化與在地化，我思考文史哲教育的基本內涵文化是包括本國語與外國語，文是跟文化有關，史的話就歷史，哲的話包括它的思想邏輯。如何落實文史哲教育呢？第一個文史哲教育在通識中落實，可從以下四方面思考？第一個是通識教育的理念是什麼？宏觀、圓融，透過人去把人跟知識結合來面對這個時代，本校通識教育的時代意義是什麼？那文史哲教育及課程開設是什麼？就是我們所在位置，文史哲教育的教學就是我們努力的方向，我們可以從科目的落實來做，科目可以論及其歷史與哲學背景或提供學生思考問題，同時加上其人性與文化度，或者是在對話式或稱建構式教學可啓導學生思維能力，接下來就是文史哲的開設具體方法，或是文史哲分別開設法，文史哲分別開設，像文的話與文就本國語、外國語，文學就文學、音樂、藝術，那史的話在全球化、本土化，哲的話就哲學、思想、思考、批判道德推理等等，接下就是文史或是文哲、史哲的開設法，那文史哲整合課程的開設如西洋文明可涉及歷史、文學、藝術、哲學、社會、科學各個領域，人類與環境如可涉及自然、社會、人文等層面。

李汾陽主任：

我們在討論通識教育的時候往往只注意到學生，卻沒有注意到我們的地基，最重要的核心包括了我們爲什麼努力做這樣規劃？我們有多少老師？即使有這麼多老師那老師有沒有經過通識教育的再訓練？他對通識教育的體認有多少，因此在通識的架構下面把基礎建設首先完成是非常重要的，如果我們去申請卓越計畫我們有沒有可能除了去思考在通識的學門學分規劃，對於通識老師或是外聘的老師在這一部分上面我們有沒有足夠理論或是足夠的基礎建設，有沒有提供足夠的資訊給我們的老師，有一個小組來對老師提出建議，那這樣開設出來的課程才會有完整性。在開南的做法是開課前會做一項統計，我們學生來源在哪裡？先去分析學生來源他們的入學分數他們的大概程度之後，才會決定我們的課程規劃，私立大學不可能像國立大學一樣學生底子很好，例如大一國文我們強調的是語文素養，下學期才會進到文學欣賞，英文外語部分我們利用新生入學新生訓練時候利用測驗去分成A、B、C、D四級，同時學校在規畫課程時，還應注意有沒有足夠的師資去支撐我們開的課程，把基礎教學準備做好以後，再去討論我們可能開設什麼樣的課程，經過教學小組討論之後要求老師提供教材，有些好的教材是可以帶給學生啟發或指引，同時教學助理是非常重要的，在通識課程中教育部一直在推廣獎勵，單一課程利用TA制度，以文史哲的課程來說一般的教材很難去感動到學生，透過校外教學的方式有TA的協助在整個教學上會更好。

謝登旺主任：

我們在思考的時候有幾個因素可能要考慮進來，第一個就是剛剛提到的教育理念，過去有人提到卓越跟圓融，好像有衝突，像很多人很卓越但是不一定圓融，宏觀跟務實也是有點不對盤，很宏觀的人常會自大一點，那他也不一定很務實，第二個我也同意師資要牢牢抓緊，一般喜歡區分爲專業跟通識，好像通識是會比較差的那一些人，很多人以爲只有專業才叫做專業，但是通識其實裡面也有專業，這樣一個概念可能會出現一個問題，很多自稱專業的老師，不一定願意來教通識。一個很務實的問題，師資的結構面到底是怎樣，如果未來要做一個徹底的改變，缺少師資的話，在執行面將來會碰到一些困擾，我想現在一個很大的困境就是說自己校內的老師願意來教通識的意願不高，也許有的有願意來的但他卻不一定有能力教。我非常同意王主任的看法堅持顧客導向，假設你現在端出來的東西就是這些套餐只能吃這些東西，他的自由度就沒了，自由度沒有了的話變成顧客滿意度就會降低，所以這裡面有點兩難，怎麼樣同時考慮到學生的那種自由度或他的自主性，然後也考慮到顧客滿意度，這些問題可能都要思考。所以整個設計上我倒是覺得既然今天談文史哲，也許可以套一個表格，比如說四個教育理念是横軸文史哲是縱軸，這個表格一畫出來其實我們就可以塡空。舉個例子來說，如果我們要緊守元智的教育理念，卓越、務實、宏觀、圓融在文的方面它可以有哪些課程可以擺進來，這個是我最簡單的一個塡空法。是不是可以這麼來做十分有趣，我們未來的通識課程因爲這次主要討論的是文史哲，可以有豐富的內容不過我覺得還有其他的東西，像通識教育的分法，有的三分法也有五分法，各校的做法都不一樣。說不定以後元智除了文史哲之外，甚至於說社會的藝術的科學的也加進來，文史哲社藝科這當然也可以納入一起思考。這樣一個縱軸一切橫座標一切看裡面有哪些課程我們可以想辦法來激盪出來，所以在設計的時候，過去許多人談到「全人」教育，我們先假設一個人型把它畫出來，裡面開始擺一些東西進去，剛提到的思考判斷這我也同意，透過圖透過表把元智通識想要做的這個部份都把他勾勒出來，這是在設計上我個人比較喜歡有圖表的概念。再者、就是說未來通識可能要跟終身學習一併思考，假設今天元智大學終身教育所學的東西它可以一生受用我覺得這個是可以當成通識思考的，我強調的是要從通識走到終身學習，第一個我覺得要加強學生的氣質，第二個、我覺得最重要的是品德，加強全面品德管理，最後是學生思考判斷力的訓練。我最後的結論就是支持王主任的政策。

梁家祺教授：

事實上，在核心通識課程裡面如果要規劃那四個向度，希望是8個學分每個向度同學要各選一門的話，在這四個向度中都有了，所以在圓融這個向度理我個人覺得比較偏向去人文藝術類，卓越的話可能就比較偏向人文社會，務實的話就比較偏向社會跟自然，宏觀的話是生命科學，如果從這個角度來看的話，在基礎課程裡面也就是所謂的核心課程裡面就是在四大領域裡面可能都已經有抓到課了，在選修課程裡面是建議說四個領域各選一門課。我建議在選修課程裡面可以彈性規劃，好處是對不同的學制的學生他們會有不同的需求，這樣的彈性會有利於以後的規劃。

詹海雲教授：

第一個確實是核心課程以量爲基本單位，選修課程正好可以配合學程學門。我也認爲假如教育部沒有一個學程的證明元智大學畢業證書上面可以蓋，這將來對學生要找事情或申請學校會有幫助的這是非常重要的一點。第二個，因爲這課程要大改變所以要好好規劃，要讓大家老師心裡面有調適的空間。第三個，教育部要成果，成果很容易製造的書面資料網路資料一大堆，有做就一定有收穫，但是實行面總是比理想面有一大段差距，所以我們做事情要慢慢做，但是也不能自滿，如果自滿的話就會很有問題。第四個，是老師的獎勵方式，再來就是每個系所扣經費。系所是以學生爲單位有多少學生那我們系所就有多少經費，所以如果老師不來支援就不能拿經費，這是一種方法當然可不可行我就不知道了，關於補助經費的問題如果請校外的老師來的話，實際上一個鐘點費也沒多少錢，所以基本上要靠人情，人情是短暫的一年兩年。學報是很好但是如果它還沒達到所謂一個大家公認的一個學術標準得時候，有時候它可能會成爲一個負面的，學生他也須要有一些課外教學需要加強閱讀。

謝登旺主任：

最後建議三點，第一點關於師資的部分，因爲文史哲這方面師資，元智可能量不足，交流師資工作要繼續；歷史方面元智沒有專任歷史老師，有李汾陽老師來支援，這個部份是地區資源整合的實例。第二點，我們可不可以集合各校之力，做些開創，例如有一些大陸人士還不錯的其實都可以請過來。第三點，關於出版社建議，我最近還把蕭老師過去元智工學院時的規劃資料翻了一下，那時候就談到出版社，倒是這個事是可以好好再思考一下，弄些出版對學生也方便，如果有認識的專業的來做這個事情其實成本不會很高，我覺得可以規劃。

蕭麗華教授：

第一個是剛剛謝主任提到的區域性的資源，就是像中壢地區區域性的老師可以互相支援，可以有區域性、國際性這種兩岸的訪問教學交流系統，另外有一個方法，可以到海外學校裡面結合一個交流的對象，師資互訪可是在地的單位就要提供生活費或是交通費，向台大跟布拉格大學都有這種方式在交流。第二個有關於學報也許一開始學報沒有辦法馬上提升到全國的排名裡，或者是通識老師的一些作品跟外面出版商結合印在上面，這個時代比較講究網路資源，那如果說我們這些出版品它可以有一部分在網路上呈現，由元智通識的網頁把元智的理念弄上去，建立一個元智通識的學習資源網觸發學生思考。

李汾陽主任：

以開南爲例，針對學生的話，從第一年開始我們都會發給通識教育手冊，內容包括通識教育的課程規劃、學校的通識教育理念；針對老師的話，我想通識學報大概到今年爲止，全台灣有大約二十間的學校在辦學報，我認爲學報不要說要有怎麼樣的設備才可以做它，當初在辦學報要先印出來，有它出來之後我們提供所有機會給所有學校，同時現在所有的學報我們都有機會投稿，如果從開南來看的話，每一期學報將近百分之七十左右的外稿，我們會讓自己的老師有壓力也讓外來的老師有機會認識你，我們也跟網路出版公司簽約，我們每一期的學報出版之後會由網路公司處理，每篇文章都可以點閱，在中國大陸、在華人地區都有機會看到，是對學校非常重要的正面宣傳，我覺得老師的教育成長有助於他的教學態度及和學生的互動關係。

由通識的觀點談藝術教育《第三次討論會》

通識教育中心「教學卓越計畫」：倫理永續經營——文、史、哲課程整合

時間：九十四年九月三十日 下午5:00~6:00

地點：中壢古華飯店

主席：元智大學通識中心王立文主任

與會人員：藝術管理所王德育所長、師資培育中心謝登旺主任、藝術管理所徐水仙教授、終身教育部馮明德副主任、藝術管理所秘書簡婉小姐

紀錄：呂佳思

會議主題：

主席：

首先，感謝諸位能撥冗參加這次的會議。我們今天所探討的是在通識課程中加強文史哲教育外，藝術課程也是重要的一環，希望未來藝術課程也能成爲核心課程的重點之一。希望本校藝管所所長及教師可以給中心一些意見，如何開啓藝術類課程，當然包括課程內容及課程名稱，使本校通識教育的功能更完善且完整。

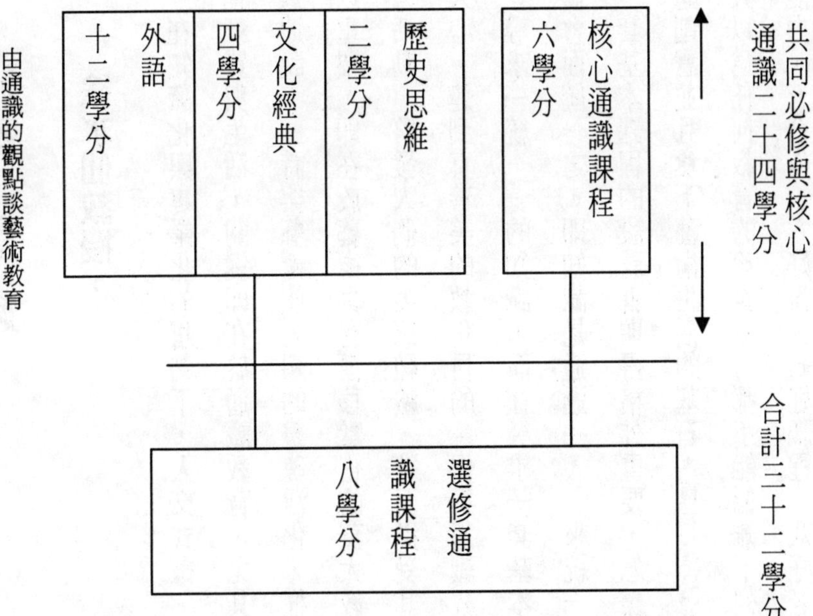

共同必修與核心通識二十四學分
核心通識課程 六學分
歷史思維 二學分
文化經典 四學分
外語 十二學分
選修通識課程 八學分
合計三十二學分

徐水仙教授：

在知識化與專業化的趨勢下，人文式微，失衡的教育如何培育學子具創造性的文化氣質與生活，關鍵即在於通識教育，尤其是藝術教育的實踐。誠如美前故總統甘迺迪說：「詩與藝術使人類的靈魂淨化，權力使人類的靈魂腐化。」藝術教育之所以重要，即在於藝術具有潛移默化的莫大教育功能，透過藝術作品，引領人類的心靈活動，啓發人們的美感經驗，進而攝受其中蘊藏的深思哲理，從感動人心到淨化人心，達到真善美的教化目的。作爲通識教育的核心課程之一，藝術課程的重點不在尋求「統一」的知識，而在尋求一套基本而必須的課程，然後通過受個人的消化體會而統一之，即知識是通過「人」來統一，而不是通過「學」來統一。因此，這一套基本課程的設計就顯得格外重要，怎樣的藝術課程內容才能喚起內在心靈的美感創意並且奠下藝術生活的基石，實有賴於藝術教育者的用心研究、規劃與實施。個人以爲任何教育的珍貴處方都不能偏離下列幾項原則：一思想、二夢想、三堅持、四能力、五合作、六好書、七好課程、八好老師、九計畫、十貫徹。思想與夢想是教育的精神；堅持、能力與合作是教育的推力；好書、好課程及好老師是教育的根本；計畫與貫徹則是教育的完成。透過上述原則，才能將藝術教育計劃成功地予以實踐，培育出富有創造性的文化生活的人才，是爲通識教育之藝術課程目的。

王德育所長：

通識構想比起目前通識的任意選課方式較接近美國大學 core courses 觀念，也比較能提昇通識課的授課要求。在學生無從逃避 且同類課程教師有共同認知與評定成績標準後，將可大幅落實授課品質，提昇通識的水準，個人非常贊成。經思考並分別與鄒淑慧以及侯芳林兩位老師討論後，建議藝術的新課程名稱爲「認識視覺藝術」(Visual Arts Basics)，內容分六大項：

一、雕塑

二、繪畫

三、建築

四、綜合藝術（即電影、歌劇等）

五、應用藝術

六、藝術理論與歷史

鑑於一學期授課標準爲十八週，扣除開學第一週、期中與期末，實際可用週數最多爲十五週，如六大項內容均兼顧，或許反而有所不足。目前傾向授課老師可於六大項內容任意挑選四至五項，每一大項至少可分到三週，方能有足夠時間讓學生有基本認識。詳細內容則須再進一步規劃，俾便不同任課老師的授課內容有所遵循。

由通識的觀點談中文教育《第四次討論會》

通識教育中心「教學卓越計畫」：倫理永續經營——文、史、哲課程整合

時間：九十四年十月八日 上午 10:00~12:00

地點：台北台大校友聯誼社

主席：元智大學通識教育中心王立文主任

與會人員：中正大學中文系謝大寧主任、台北大學中文系賴賢宗主任、台灣大學中文系蕭麗華教授、黃奕珍教授、元智大學通識教育中心林妙芬教授、莊舒雯教授

紀錄：呂佳思

會議主題：

主席（王立文主任）：

資料上有一個圖表在這個架構裡面請各位看怎麼檢討改進，外語十二個學分，表示其實元智大學相當朝國際化走，或者是西方文化教育，很少學校有十二學分的外語。另外，我們還要求各系十八學分的外語授課，不管是工學院還是管理學院，所以相比之下中語是被壓縮的，中語現在是4個學分，大一上大一下各兩個學分，外語變多了，中語消減了。中語消減之前曾經有一段時間也很好，學校的中語系老師希望給同學不管是讀或是寫都希望以小班教學，所以中語的黃金時期是在小班教學的狀況下呈現的。後來大家都在檢討中語在教什麼？結果中文課的學分減少了，我們學校就是十二比四，中語跟外語差這麼多，歷史是兩個學分，通識課程還有選修加核心，我們現在核心還沒有出來，選修加核心是十二個學分，在未來一兩年核心出來之後，有六個學分或是八個學分，選修就相對的是八個學分或是六個學分，在這個情況下，文學教育要如何發展，是今天小組的主題。元智的教育理念是圓融、卓越、務實、宏觀，核心課程要從這四個理念出來，比方說圓融可以是應用倫理學或是認識視覺藝術，在這之前已經開過「藝術教育在通識教育」的座談會，藝術教育在通識教育有一個認知，現在藝術教育在通識教育開五門課，如中國藝術賞析、西洋藝術賞析等等，希望將藝術課程變成核心通識以後，大部分的學生將不再選這些課，二分之一或三分之一的學生必須走過某門藝術課程，這課叫什麼名字呢？他們討論出來叫做「認識視覺藝術」，也把大概內容雕塑、繪畫、建築、綜合藝術、應用藝術、藝術理論與歷史寫出來，將來在核心通識裡面，比方說圓融向度就有「認識視覺藝術」，這時候學生要經過圓融向度這個門只有兩三個選擇，這是他其中一個選擇，也就是說元智畢業的學生至少有二分之一或是三分之一要經過這門課程，如果我們把這門課弄得紮紮實實，學生藝術的水平就會整齊。另外一個想法就是在核心通識課程裡面有沒有辦法再加一些文學的東西，比方說像在卓越這個地方我們有談到倫理哲學甚至於中西哲學、哲學思想，如果中西哲學思想可能就可以再加強中文經典，一個是怎樣自保，一個怎樣是發展，成爲核心課程，我們還可以靠著其他要發展的部分把文學滲入進去。

賴賢宗主任：

我提供一篇短文，題目就是從「**跨界溝通**」到「**大學通識文史哲教學改進計劃**」。首先是強調「跨界溝通」的重要性跟剛剛所強調的圓融、卓越、務實、宏觀是異曲同工，跨界這個概念在以前叫做科技整合，現在比較強調的是跨文化（**intercultural**）加上溝通（**communication**）。我在讀書的時候就比較強調科技整合，台灣的民主實踐的是一個多元性的社會，但是多元帶來的是一個沒有視覺的文化，那怎樣透過一種跨界溝通讓多元社會多元性能夠成為一個積極的而不是一個破壞性的因素，這是我們所關心的，我想通識教育應該對科技整合或是跨界溝通有一些貢獻，所以第一節強調跨界溝通的重要性提出一些反省，像全包論、排他論等等，多元性詮釋與跨文化溝通這些概念請大家參考，重點是第二節這是一個課程設計，我提出五個具體方向來落實我剛剛的講法，為什麼要有這五個方向呢？這五個方向第一個是覺情書：台灣文學中的哲學與人生，第二個是東西方的啓蒙思想，第三個是東亞傳統的當代詮釋，第四個是台灣生態文學與生態文學批評，第五個是旅遊文學與生命成長。

大致上這五個方向是我在國文教學上五項的內容，爲什麼要這五項內容呢？因爲在「跨界溝通」的觀點下，在通識教育的革新之中，文史哲應該通爲一體，互相爲用。否則各有其壁壘，何「通識」之有？舉台灣的大一國文的教材爲例：目前集中於中國傳統的經史子集與純文學作品的欣賞，這固然提供了傳統式的中國語文訓練機會給青年學子，但是，這樣的教材與講授方式缺少時代感，同時未能融入早已成爲當代中文世界的思想內容的西方思想，令人有所遺憾。試想：台灣青年學子在小學與中學已經學習了十二年的傳統中文，到了他們十八歲進入大學身心成熟時，理應利用大一國文的必修課，提供他們鄉土與國際觀點下的優美內涵的中文文本，啓迪他們具備開闊的文化觀，培養他們統整的意義創造能力，培養其建立在中文文本的學習之上的批判能力，從而激起他們追求人類普遍價値的文化意識。所以，規劃了五個具體落實的項目，這些是我覺得可以操作的，依現有很多資源以覺情書爲例：台灣文學中的哲學與人生，像三民有出這種專書，以前都是大一國文，現在是個別出專書，比如宗教裡面的人生、像文學裡面的愛情等這些都有專書，像我現在用的教材有收錄柳昌元的愛情故事啓示錄這些文章，都是台灣文學中的哲學與人生。第二、東西方的啓蒙思想，我認為西方思想在今天來說，日常生活中我們都已經薰陶在這種思想當中，沒有理由把他排斥在當代中國文化的內涵之外，用當代的定義來講西方思想也應該納進來啓蒙教育的一部份。第三、東亞傳統的當代詮釋，當然我們知道這是我們的主體性應該納進來。第四、台灣生態文學與生態文學批評，寫具體的生態環境，例如某一種鳥或是某一個土地的關懷這是具體的，生態文學批評是一個後社團型就是對於人存在於場域的整體關懷，所以這已經提升到神學或是哲學的層次。第五、旅遊文學與生命成長，在德國來講旅遊文學是很重要的。

謝大寧主任：

第一個方向是核心課程的設計方式，像哈佛這些學校都採取核心課程的方式，另外像芝加哥大學採取的屬於經典教育的方式，芝加哥大學是一個老傳統不是在美國開始推動通識教育的時候才開始做的，本來舊有的一個老傳統，那個老傳統就是芝加哥大學規範世界的經典三十二部，然後規定每一個學生必須在這三十二部當中至少選三部，跨文化的部分當然是以西方經典為主，但是包括了佛教的、中國的等等很多，台灣大概只有南華大學當初創校的時候有這種規劃，現在也不是了。當初南華大學創校的時候是採取以經典教育爲核心的，後來像哈佛都是採取這樣的經典核心課程方式，而他們核心課程像哈佛是把它區分爲七大領域，像中正大學把它區分爲五大領域，我知道哈佛的七大領域學生不見得要全選，但是至少在大學畢業前要選擇三個核心課程，每一個核心課程至少是兩門課以上，我關心的是他們人文方面的核心課程，他們大概採取了幾個作法，區隔成兩個部分，一個部分是屬於所有人都必須要上的，叫做「論文寫作」類似這樣的課程，這個是屬於一個基礎的東西，不是只教寫作也不是叫學生寫一篇論文，主要是教怎麼閱讀，整個閱讀訓練是很講究的，是一年的課程，這個是你在做其他吸收的基礎，所以我們可以把它簡單界定爲語言能力的訓練。我作大一國文的改進計畫的構想基本上是在這一個部分作的，因爲我當初的想法是認爲如果它當成是一門課程的話這是一個基礎的課程，放在通識課程中核心課程的人文領域裡，規定假設一個學期是十五個單元，一個禮拜上一次課，那這樣子有15個單元規定這個單元裡頭某些部分要包括什麼，比如說規定一定要有性別的，要包括異文化的東西，老師可以自由整合，但是會規定一定要包括比如說一些政治社會的東西，包括性別的東西，包括異文化的東西，文章可以自己挑，因爲放在核心課程裡面的東西必須要統一規劃，而不是像大一國文，個人上個人的，要統一規劃的話，就會有一些基本的要求。我覺得這樣的構想跟賴賢宗老師提出的構想不謀而合，這樣開的課程大家是同一個課程，雖然你上的內容跟我上的內容實質上可能不太一樣，但是不管怎麼的不同因爲有基本的規範，一定要包括剛剛那些，這樣大概是一個可以考量的方式。另外，在教育部的一個計畫有提一個構想，我把那個課程稱爲「認識大師」，也就是說我不是按照賴賢宗老師那種方式的規劃的方式，而是說每一個任課老師他自己可以提出他心目當中的大師，然後去找他那位大師的一些作品，於是每個老師各有各的特色，另外一個組合的方式不是以文化而是以人，人爲領域的東西大概在這兩個地方可以說的通，以人的方式你可能認爲說貝多芬是你心目中的大師，就把他當作一個單元用這種方式來規劃，可以在一個學期裡面規劃七八個大師，這是一個以專題以人的方式來作，我覺得這些東西很重要，有兩個層次的。

蕭麗華教授：

我的思考還停留在整合的那種模式，就是還沒到一個具體項目出現的狀態，在一個整合模式怎麼樣切入，我是想把這個問題分成三個層次，第一個層次就是在元智的背景下，還有在元智的教育理念下面，先認識清楚後再來看文、史、哲整合，在前言的地方，就是元智背景跟教育理念這個層次。第二個層次就是文、史、哲要整合可以有哪些方式的整合模式。第三個層次才落實到文學這一科，在文學裡面通過理念背景，然後通過整合模式的設計可以落實成哪些課程，但是第三個部分文學領域裡面能夠落實的課程我目前還沒有很仔細構思。我從三個層次來談，畫三個圈圈，第一個是最核心的是1的部位，再來就是2的部位及3的部位。1的部位就是文學、哲學、歷史核心樞紐就在這邊，如果把這樣的精神萃取出來一定得開這樣的課，我現在只是理論化還沒有具體的課名或是內容產生，所以第一種整合模式一定要涵蓋樞紐核心精神的部份。第二個部份就是每兩類課就有一個共同交融的發展概念，先定義爲交融概念式的整合方式，比如說文學跟哲學它有交集的區域，如果能呈現的話整合的第二種方式，然後第三種的整合方式就是不管是哪個領域，只要是一個經典文本，任何一個老師可以自己去編選，編選他認定的一些經典文本，這個經典文本如果是落實在比如說是在文學裡面選出來的經典文本，可是以文本爲主體就可以發生整合的效用，所以第三個我給它取名爲文本主體式的整合方式，這種以文本爲主體的整合方式，比如我選一些文學的經典作品，我可以開展裡面的哲學思維，可以開展裡面的歷史思維，這樣它本身就是一個整合主體，這是我先思考文史哲要怎麼整合，以這三個模式可以供將來要落實的時候，怎樣兼顧一個套餐式的也有自助餐功能的，這樣兩種模式的方式那這三個整合方式去設計出課程也許是一個路徑，從文學角度這邊來思考要怎麼應用這三個整合模式然後可以設計出來，可以配合元智的通識教育理念，這樣的思考我先立一些課目名稱怎樣跟元智通識教育理念做對應，假使現在有一門課叫做文學與人生，應該比較屬於文史哲樞紐精神式的整合方式，在教育理念可以應對的是宏觀、圓融、務實，最大的現實就是只有四個學分，如何在四個學分的整合之外能夠擴張，可以進入歷史的領域，可以進入哲學的領域，用到別的學分裡面，這邊假使有餘力的話，讓這個文學的課程比較有具體的成形東西。

主席：

蕭老師提的部份其實是我一開始要把文史哲整合，蕭老師提到原來這個計畫是有整合這個字，我在元智曾經教過佛典選讀，佛典它其實是文學也是哲學，佛教還有歷史，所以有些課本身就文史哲都都涵蓋了，最近我在教科學史算是自然哲學，它是哲學跟歷史，文學成分稍微弱了一點，所以文史哲整合是一個最高的理想，不過我還是希望說今天這個小組至少能夠把文學這個部份弄得更清楚，但最後還是要整合。

謝大寧主任：

我覺得這一個整合的概念，從一個實務操作面來看，也是兩個學分一週的兩堂課，兩堂課的時間總共大概能夠上課的時間是十五週到十六週，以一個學期十八週來看的話，能夠上的時間大約三十個小時，那三十個小時能教授多少內容，然後又必需是一個課程，因爲我們要傳達一個理念，不可能說選一門課，然後選這門課其他的都丟光，希望是在這門課裡雖然只選特定的老師教某一個特定的進度，可能在學校這個部分只開了十節課，可是十節課可以同樣的傳達到共同的功能，以前我們是給一個統一教本都用一樣的來教這樣功能就達到了，可是在大學又不可能用一個統一教本，這個時候我認爲從實務操作面上，剛剛有提到在核心課程裡的兩種作法，一個就是剛剛賴賢宗老師所說的做法，那另外一個就是我剛剛說的認識大師的作法，作法裡頭就包含了整個精神在裡面，現在要把哪些東西整合進去，裡面包括文史哲，一定有文學的東西，所以蕭老師講的文學與人生已經涵蓋了，不是單獨的一門課而是在一個課程裡頭要求涵蓋的部份，或者是說可以給老師七八個部份，但是在整合的過程裡面至少要選擇其中的五個部份，因爲每個老師的差異很大，不一定要求每個老師的整合方式都一樣，可是可以做如此的要求出來的課程大綱，是否涵蓋了要求的部份，也許包括了哲學方面的某一些東西，歷史方面的某一些東西，文學方面的某些東西，或者是根本打散了這個界線，我可能要求的就是比如說要包括生態的部份，你可以選擇生態哲學或者是生態文學，但是要包括生態的部份，要包括性別的部份之類的，用這種方式來做整合，如果是用這樣的方式來做整合，這個課就可以具體的操作，那或者是我們用認識大師的方式，你的大師裡面必須包括什麼，一個老師自己成長的過程當中，比如說在人文方面、在宗教方面曾經影響他的那些大師，也許是證嚴法師等等，自己的人生成長中但是要求必須涵蓋哪些領域，不能獨孤一味說學文學的，選的大師全部是文學類的，必須要涵蓋這些東西，這個就可以放進蕭老師的整合，就是落實到具體實務面，操作是可以結合起來的。

黃奕珍教授：

看了大家之前的文件，我們今天談整合，要讓學生有比較寬廣的層面其實我們老師需要再教育，不會有人想要教我們自然界發生了什麼事情，不會有人來跟我們講，其實像中文系的學生我想他們有這種困境，他們去上其他通識的課也有一些困擾，我覺得如果有一個系統性的支持對教授這個領域的老師，有一些真正符合我們知識水準的那種跨領域的交流，這其實對我們是蠻有幫助的，接下來我就提供自己的經驗，我在大一國文裡面，基本上是提供蠻多不同的問題，不同的時代、地域我盡量給他們很多東西，那我是用主題來顯現的，第一個是「歷史的舞台」，第二個是「親情與愛情」，第三個主題是「故土與異域」，第四個是「生死與道」，開始跟結束剛好是歷史與哲學，這是我可以提供的經驗，在「歷史的舞台」主要是學《史記》跟《世說新語》，但是大約三分之二的時間還是在讀史記，現在碰到一個問題就是，人家會講說你不是大一國文嗎？爲什麼會教歷史課程，所以自己要有個界線，就是說我教歷史但不是用歷史系的眼光來教，歷史系會比較注意事實或是考證，我反而會比較注重在他的形式或是文字上面的一些安排，它如何透過這些安排來表示對歷史的看法，它是一個比較含蓄的表露呢？還是非常直接的表露，當然最重要的是希望學生在看的時候，自己的人生能獲得一些改變，這是我把它放在這裡比較重要的目的，下面列了一些問題就是說爲了達成我剛剛說的這些目的，在這個過程裡面我怎麼問他們問題，然後希望他們可以做怎麼樣的思考，然後在這個主題裡面我後面用了一個世說新語，剛好可以讓他們比較敘述一個事實，它是有不同的方式，一個是比較片面的，它是關照到一個人的某一個片段的時候，它的一個姿勢，另外一個就是一個原始察作，一定要從頭寫到最後的，所以可以有一些比較多對於如何記載人的一個認識，最後一個單元是說道家哲學，這裡面同樣碰到一個問題，我怎樣界定說我上的跟哲學是不一樣的，還是讓他們了解這些思想如何會呈現，透過什麼樣的筆法跟形式跟演說的藝術會呈現，當然這些過程裡面就會有一些困難，譬如說老莊畢竟離我們很遠，所以我會讓他們用自己的生活經驗來講，印象深刻的是有一組同學自己當演員、寫劇本，錄了五段短劇，標題是「老子會怎麼說？」然後發了一張滿列老子答案卷，要臺下的學生每看完一段後就選一章老子作爲老子對劇中人物提出的箴言，我覺得如果哲學可以讓他們把生活經驗帶進去的話，可以讓他們更了解那個智慧是什麼，第三個，我是考慮到教法，我的結論是大一國文裡面什麼都可以教，問題是你要怎麼教。我提出三點就是我們講那個整合在課堂上把講台讓出一部份他們就可以做一些小部分的整合，所以我就覺得如果學生在他們知識範圍裡面，然後讓出舞台給他們表現其實就已經做了一個部份的整合，這個應該也是可以考慮的方式。另外，面對著學生，我們應該去了解他們的偶像之類的。最後就是說我覺得我們好像他們講的話，我們不能苟同但也是要聽完，我覺得這是態度的問題。

林妙芬教授：

我現在也強調閱讀、思考包括生態的問題、環境的問題，課程中會覺得即使是上下學期合起來，時間上是真的不夠用，有的時候是礙於他們其實讀的書很少，所以現在帶動用影像的閱讀，他們會覺得比較有興趣，然後有了影像閱讀之後再給他們書面的文章去配合，帶入他們去思考，所以我常常丟給他們爲什麼，爲什麼要這樣的結局，爲什麼這個人他當時會用這樣的心態，所以我要他們自己去想如果是你，你會怎麼做，常常用這種方式然後用這種思考。之後我還會強調他們的表達能力，不管是口語上的表達或者是書面上的表達，怎樣把自己的想法寫出來，了解同學之間也能夠理解你所講的是什麼，讓他們覺得錯了沒關係，可以從錯誤中學習。

莊舒雯教授：

從剛黃奕珍老師提的，就我們實際教學層面來講，我覺得整合就好像再做一個台上台下的整合，老師跟學生的整合而不是在於文史哲的整合，因爲在實際教學上我們好像有很多的觀念，但是我們沒辦法把學生找來上課，即便我們可以使出各種手段比如點名，但是他們來了卻在睡覺引不起他們的動機跟興趣，所以有時候覺得這個課教起來挫折感更大，就不要談什麼文史哲的問題了，所以我覺得這個整合的問題著重在台上跟台下，還有在我們教的系所多的時候，我就發現同樣一個文本，剛剛黃老師提到說一個莊子的文本，你有文學的觀點或是有哲學的觀點，史記有文學觀點跟歷史觀點，我覺的教學到最後就變成說不同的院系的學生就要讀他們院系的觀點，這樣才有辦法讓他們進入到我們要傳達的那個訊息的地步，所以一樣教一個文學的讀本，我們一樣像剛剛林老師講的放影片就是一個比較好的他拍成電影作品，可是教到資傳系的時候我們就要大量的把文字的文本跟影像的文本作聯繫，從他們熟悉的感興趣的地方切入，如果教到管理學院的話，我們就要請他們談一些社會學談文本爲什麼他會通俗，還有從讀者的反應裡面看，好像一個文本本來就有很多解讀的方式，即便是在我們中文系裡面，我們也會探討很多文本有不同的觀點的看法，我覺得這些觀點剛好在我們教學生的時候，就已經試著從不同的環境在自己的選讀的文字文本裡面，這只是一個初階，當然最後你會涉及到他跟他的一些思想性的問題或者是歷史性的問題，所以我就黃老師還有自己實際教學的過程，我會覺得這個整合好像目前我們一直在克服台上台下還有世代的問題，再來，另外一點我剛剛聽到謝主任談的那個釣竿跟釣魚的問題，我就想到一條魚是一定要用釣的，釣魚我們可以用釣竿，但是好像聽你講的那個步驟就想到釣魚的方法，但是這個方法如果把它固定出來後就變成釣竿了，比如說釣魚一定要用釣竿，可是我們怎樣教會釣魚的人去選擇一支好的釣竿，然後包括你所要釣的魚，就是說方法也許會因為我們選擇不同東西也許這個方法會改變，這就變成好像教他們如何使用那些方法，這些方法適用性的問題，所以還是回到剛剛黃老師說的怎麼教，還有台上台下的整合。

謝大寧主任：

若就教材來說的話只是賣釣竿的店，所以在教材裡面只是一根一根釣竿呈現在那，當然教學絕對是活的，最後是要讓那個魚上鉤，用不用餌那個都是教學過程的問題，不能去負責到每一個具體的教學活動的進行，這邊只是在開一家店而已，目標是說怎樣把釣竿做出來它必須是一根釣竿，如果它不是個釣竿那就完了，所以這個比方是一個蠻恰當的比方，在我的教材裡面所能呈現的是有限度的，中文系的老師大概都有一個自我設限的問題，因爲太習慣被學科區分，文史哲應該是不分家的，事實上它在今天的學科分類裡面它又是分家的，於是我們一看莊子就想到是哲學的問題，我覺得這是某種意義的自我設限，因爲我在我教材裡面有一個很重要的精神，我今天要教你的東西我這把釣竿是要教你可以從文本裡面把意義轉出來，一個文本所能呈現的意義是非常多元的，莊子這個文本所能呈現的意義是千百種的，但是重要是說他怎麼形成這個意義的過程，那我們重點只是在協助你去提取那個意義，如果從專業上的角度來說的話，沒有人可以具備那麼多知識，可是你可以交給他提取意義的方式，在教學上我可以做兩個層次的區分，一個層次是說我先給你提取這些意義，然後另外一門課就實際上運用這個方法進入到一個特定意義裡面去把這個意義抓出來，那重點是在這個地方，所以如果能夠變成這樣兩個層次的區分，在通識課程上來說我覺得大概會是一個比較完整的訓練。

賴賢宗主任：

經典文本的教學及認識大師我也認爲這部份是很重要的，主張經典研習跟認識大師這是基礎，給元智的意見是說什麼是文化經典？要涵蓋這兩大部分，第一個部份就是經典文本與認識大師，第二個部份是跨文化取向，在核心通識課程以及選修通識課程裏面也可以包含像以經典爲主的或是以大師爲主的或是以我這五個項目跨文化爲主的都可以包含。第一點是說就文化經典四個學分這一部分相關的。第二點觀察有一個總結，操作性上，比如我這五個項目裡面，像覺情書台灣這個字眼可以拿掉，可以指定在文學中的哲學與人生，強調覺情書這個概念，基本上情他是一段深思的感情，所以這個對學生來說是有一個限制基礎的，一個人活到十八歲，他一定有過一段很好的親情、友情、愛情，大部分學生他都會寫愛情，覺情書這個對學生來說它是有個感動自己的出發點，以這個出發點爲情這個部份。再來強調要有覺，覺就是哲學反思，書的話指書信，對自己成長歷史的哲學反思，所以歷史概念大概也加進來了，這種當作教材的素材是存在的，只是我們沒有把它發覺而已，現在有些書局已經走這個方向了，但我要說他們方式也有些缺點，缺點在哪裡？缺點在於太中文系，我有一個觀點中文系非中文系，中國文化之所以博大精深是因爲它不斷的開放，一些中文系的學者所寫的東西已經帶進哲學跟史學了，剛王主任提到某一些不是中文系的作家他們寫的東西是很哲學的或是很史學的，但是他們也的文字很美可以當作一個中文文學來讀，這一種就是現成的作品符合我們需要文史哲的溝通，要加強去選擇這個作品，而不要以傳統的中文系觀念來選擇。第三點是說，我們能夠做什麼？我期待中文系非中文系，中文系國文這個課程當作必修課程這個一定要保持住的。總結我的看法，實際操作層次文化經典四個學分如果以今天大家討論的結果是太少，外語就是以前一般的英語，文化經典就是國文，歷史思維就是中國通史，所以文化經典是中文系老師去教學，我們今天可以跟校方要求，分成兩大綱，第一大綱就是經典與認識大師，第二部份就是說當代文化關懷或是跨文化，這樣應該有理由跟校方爭取多兩個學分，像文化經典是大一國文老師去教，但是我們今天是文史哲要把它打通，所以我們雖然是中文系的老師，但是應跨到哲學跟史學，但是主體性來說還是中文系，中文系的訓練基本上第一個還是純文學，第二個是中國思想這兩方面涵蓋，從這兩方面的延伸，如何跟哲學史學接通，必須以中文系的訓練爲主體，中文的主體性不能喪失。

謝大寧教授：

我覺得這裡沒有主體性的問題，只要給幾個規範讓教授者自己去選擇，心裡爲什麼要存著這是中文系的文本呢！我覺得我讀到這篇我有感動，我有意義上的收穫就好了，打破所有的藩籬，我們要的只是這個核心的精神，你必須掌握住，誰有本事掌握住這個精神，誰就來開這門課。我有這樣一個建議，可不可能不要叫文化經典，而是把這個文化經典的精神，可不可能爭取在核心通識課程裏面出現兩個學分，然後另外在選修通識課程裏面出現兩個學分，作兩個層次的訓練，一個叫做基礎中文的訓練，有這個基礎中文的訓練，你再來講這個東西會比較輕鬆，然後你在核心通識課程裏面再擺上一門課，那另外選修通識課程裡如果爭取不到再加兩個學分也可以，爭取的到的話加四個學分，這樣基本上不動原來的結構，那一樣可以傳達到這樣的精神。

主席：

比方說大一國文談哪些也是很廣泛的，我們將來大一國文，還有核心通識甚至於選修課，在人文方面想要加強，有沒有比較原則性的想法，本校藝管所訂下來的藝術課就有限制，比方說認識視覺藝術，內容有雕塑、繪畫、建築、綜合藝術、藝術理論與歷史等等，這些通通包括中西方的，所以藉這一門藝術課把藝術的底子打下來，我們看中文的課有沒有類似的方法，也不急著要一個結果，可以不停的研究下去。今天我們的討論就先到此爲止，十一月二十四日將舉辦一場通識文史哲課程整合的研討會，屆時歡迎大家共襄盛舉，謝謝。

由通識的觀點談歷史教育《第五次討論會》

通識教育中心「教學卓越計畫」：倫理永續經營——文、史、哲課程整合

時間：九十四年十月二十二日上午10:00~12:00

地點：台北教育大學社教系會議室（勤樸樓六一一室）

主席：元智大學通識教育中心王立文主任

與會人員：台北教育大學社教系張弘毅副教授、中國文化大學史學系桂齊遜副教授、王怡辰副教授、開南管理學院通識教育中心李汾陽主任、元智大學高如玉小姐

紀錄：呂佳思

會議主題：

主席：

元智大學通識教育在歷史課程是兩學分，現在有另外一個想法，就是除了必修之外有一個叫核心通識，那核心通識也許三分之一的同學要通過，元智有四個教育理念，卓越、務實、宏觀、圓融，每一個理念大約會有三門課，所有學生都必須經過這些理念選，假使我們有比較接近歷史的 課，學生也可以因此受惠得到一些歷史的知識，對我們現有的兩個學分有沒有什麼想法可以讓學生匝紮實實地受到良好的歷史教育，第一個是對於必修的這兩個學分有什麼看法及課程的內涵應為什麼？第二個是在核心通識裡面有六個學分是在四個理念下學生選三個理念，每個理念大概由三門課構成，我們可以預估有三分之一的學生會經過這個理念選一個核心課程，如果裡面有一個歷史的課，我想對學生是有幫助的，選修通識八個學分這裡面不需要特別去談。我先舉一個例子，這個核心通識是藝術課程，他們的建議是「認識視覺藝術」，這包括雕塑、繪畫、建築、綜合藝術、應用藝術、藝術理論與歷史，以後我們藝術的整合除了在選修這一部份讓大家隨便選之外，在核心通識大約有三分之一的學生要經過這門課，這門課如果把它建立的很紮實，學生就像吃套餐，如果對藝術還有興趣他可以去再選修課程，當然歷史我們能不能做到這個部份是不曉得，也不一定要做到這個部份，如果做到這個部份是很好，學生在歷史的部份就可以學得很紮實。

李汾陽主任：

元智大學長期以來大概是以兩學分爲主，每個學年的第一學期開的課程是中國現代史，第二學期是開台灣史要略課程，隔學期交互方式開設課程。同時元智大學以包班方式開課，因此學生選擇修習的機會較低，課程師資與內容的多元性也稍顯不足，對同學而言學習風氣與效果有待加強。我的建議是在課程開設方面，規畫爲二學分的歷史領域中，先在九十五學年度開放自由任選一門修習，採取臺灣史與中國現代史對開方式開設，學生可由二門課程中自由任選一門修習。在師資問題上，依師資多元聘任後開設更多門相關課程（如文化史、世界史），在這次大學評鑑裡面，訪視委員有些意見就是說課程深化的問題，讓學生在歷史思維裡面可以有選擇的機會，在同一個時段裡面我們是不是可以把兩班或四個班在同一個時段開設，然後針對學生的興趣開設兩門以上的課程，讓學生有一個選擇修習的機制，除了教育部的經費外，我們的中央部會有非常多的相關經費補助，是不是可以由我們的行政單位提供所有老師們相關資訊，譬如說行政院二二八事件紀念基金會，研究台灣近代歷史的老師們，每一年上半年會發文要我們提供計畫的補助，那麼客委會是每一年的十一月底，國科會也是在每一年的上半年，會有大專學生參與的計劃補助，針對授課學生尤其是表現優秀學生讓老師去協助他們參與專題研究計畫的取得，當然五年五百億是一個很好的方向，建議讓學生能夠更深入的學習，在整個人格思想塑造上會產生影響力的部份。除了課程之外，實際上，還可以去結合學生活動還有跟社區辦的相關活動，我想一個教學卓越的話，除了課程設計上是不是呈現一個活潑多元去影響學生之外，在課外我們有沒有可能去成立相關的學生社團，帶給學生去深化、去實踐課程中的內容，譬如說現在成立一個相關社團較歷史文化資產的研習社，在修習這門課程的同學如果有興趣，可以鼓勵他們參加這樣的社團，這是一個深化學習的一個好方法，課程改革深化的部份，劉金源委員給我的一個大概看法是跟我比較大的不同是，他認爲通識課程就應該類似於講座課程，他是非常深入的用大師級的取向讓學生去討論，第一線的老師非常清楚我們現在學生素質，如果素質低的話我們貿貿然去做深化改革，對學生來說的話有學習障礙，我們在課程改革上要去做這樣一個分析吧。學生本身對文史哲藝這個部份，他原先具有的，深入是如何，是不是有多元選課的方式來切入，透過一個學期兩個學期的學習成果來觀察，在核心通識課程裏面我建議，與歷史相關的或是哲學相關的或者是跟文學相關的，現在人類的文明發展非常重要的潮流世界人類的文化共同資產，它包括人文的、包括自然的、包括複合的，現在全世界大約一百八十五個國家加入了聯合國教科文史的世界遺產，一直到這個月爲止的話已經歷經了二十九屆的改選，公佈了八一二個人類文化的共同遺產，最新的我們都知道有澳門，澳門已經成爲人類文化的共同遺產，那我們是不是有可能去融合文化哲學歷史，針對這個大的潮流跨國家的、跨文化的、跨歷史的、跨宗教的這中心概念，我們去開設一個有特色的核心課程一個大學程，同學可以在人類文化的共同遺產大學程裡面之下，去選擇修習關於人類的哲學，人類的歷史包括人類的文學部分，我想這一部分在核心通識跟在歷史思維的課程架構下有相當程度的區隔，當然可以更深入的去討論到深化學習的這個部份。

張弘毅教授：

一九一九年在第一次世界大戰結束以後，哥倫比亞大學改革他們的通識教育，哥倫比亞大學當時提出了兩門課，作爲他們全校通識教育的核心，有關歷史的文化方面，一門課叫做當代文明(Contemporary Civilization)，第二門課叫做重要文化(Major Culture)。我就揣測哥大在一九一九爲什麼有這樣的變動，原因很可能是第一次大戰其實它代表美國這個國家在世界強權的國家當中，是一個剛出來的要掌權的這樣一個國家，在一次大戰之前美國比起歐洲很多列強並不特別，一次大戰的歷史意義是美國開始成爲世界的強權，美國開始面對一個問題就是，他忽然發現他要面對世界上所有的事物，當美國要面向世界的時候，難怪哥倫比亞大學通識教育要做些改變，他把「歷史A」、「哲學A」取消掉了，並以當代文明(Contemporary Civilization)取而代之，同時還設置一門課「重要文化(Major Culture)」，我想這個背景這樣講也就清楚了，也就說，當美國要面向世界的時候，當然希望國內的這個菁英知識份子，必須要擁有面對世界的背景，所以一九一九年哥大這樣改革，它的期許是希望它的學生將來成爲國家重要的一份子，有這樣的背景去面對世界的時候，每個人對於歷史過去都會有些看法，從專業史家到文史工作者到一般大眾，他們對於過去歷史的見解，我稱爲「歷史意識」。歷史課程到底要給學生什麼？當然一般傳統說法，我們都鼓勵多元化讓他有很多的課程可以選，我認爲歷史課程多元化，它應該是剛剛提到的在核心通識課程裏面，這邊可以成立一門課或是在選修課程裏面可以成立一門課。可是如果在歷史思維的領域裡面，這兩個學分作爲核心中的核心要用多元開課的方式來處理，我認爲可以再思考。我原來以爲歷史思維可以開中國史、台灣史、世界史然後每一個領域裡面開個兩門課或三門課，這樣的結果可能是歷史思維那個領域裡面兩學分，在架構上出現九門課，這樣多元的結果其實不見得是一種選擇，可能就是有另外一種選擇就是我們剛說的，好好思考包括把元智大學的特色加進來，歷史思維這兩學分可不可能設計出兩門課或是三門課，精簡真的能夠帶給學生歷史思考歷史思維，在這樣的思考模式底下看看能不能開出兩門課或是三門課。第二個是實際的課程要怎麼開，在清華歷史思維裡面開這種課，透過對近代世界精神的探討讓學生去思考，像世界文化史或是世界歷史這是可以考慮的，至於多元化的開課方式，我想大家都同意，包括像文化史這種課程可以多開，包括像婦女史課程可以多開，元智大學所在地在桃竹苗這一帶，桃竹苗地區是有不少的弱勢族群，比如說客家移民史或是台灣原住民的歷史文化這一方面的課程，如果師資問題可以解決的話，這方面新史學的課程都可列進來，師資問題，恐怕在短期之內盡量看看有沒有兼任的老師來支援新設計的課程。

主席：

外語教學12個學分我們蠻珍惜的又怕浪費掉，因爲外語都是應外系在做，應外系都把它用在語言上，我想外國歷史也可以用外語來教。

王怡辰教授：

我並不十分認同多元化通識教育，我認爲多元化它必須要有範圍，否則它失去指標性，所以我認爲在多元化的背後應該是一個範圍內的多元化，而且在這多元化的過程當中，通過通識教育中心課程委員會要針對這個指標性去作課程的設計，而不至於產生漫無目的多元跟自由，這樣的情況下我們必須顧及到幾件事情，第一個是學校的個別性，第二是社區的個別性，最後是學生個別性。當然我們現在學生素質普遍不好，我們學生的個別性有可能有共同的問題，還有個別的問題。比如說他哪些部分特別糟糕，或是他對哪些知識有特別熱情的需求，我基本上認爲通識教育中心不是只有意識課程，通識教育中心的課程也是在滿足學生的需求，世界在變，潮流在變，在變化的過程當中我們怎麼抓的住脈動的問題，脈動的問題有可能我們將來學生工作地點不在台灣，怎麼面對未來的世界，所以時間的脈動是非常重要的問題。再來就是師資問題，師資都是有限的，我們怎麼在有限的師資裡面做最好的改變，專任老師必須把新開設的課程不管是在共同課程或是專業課程裏面，專任老師應該鼓勵在核心通識課程中開設新課程，這鼓勵應該當作是這個老師本身晉級或是升等它基本條件的考量。第二件事情我認爲講座課程是必須要開發的，如果沒有講座課程學生所吸收的範圍基本上是被縮小的，通識教育課程跟專業課程的連結無疑的絕對不是兩個範圍應該是同一件事情，所有的類都可以辦講座課程。最後一個部份就是兼任老師的問題，無疑的聘兼任老師有兩個部份，四小時的兼任課程可能安排兩類或是一類的課程，譬如說一類的課程可能安排核心通識教兩門課程，用兼任老師的專業去設計核心通識課程，然後去彌補專任老師的不足。第二種是一個兼任老師負擔兩門課程一個是共同科的部份，另外一個是核心通識課程部分，因爲每一個老師的專業都不同但是可以是專業的互補性，這專業的互補性可以提供我們要求的兼任老師必須要上一門核心課程，至少一門，這是有關於師資的問題。第三件事情是有關於共同科的問題，開這兩學分的目的是什麼？共同科的兩個學分要怎麼作安排，在元智有兩門課程一個叫中國現代史另一個是台灣史要略課程，我個人建議是如果這兩門課程都開在同一個學期，可以兼顧學生的個別性，我們先照顧到指標我發現元智非常在意學生畢業的條件，我看到外語十二學分，顯然這是一種重視校譽的表現，那麼歷史類可以提供的校譽是什麼呢？任何文化和科技存在的意義，都是給人類社會帶來幸福，通識教育存在的目的當然更是如此，所以專業科目所提供的是給學生幸福的，今天通識教育中心提供給人類社會何嘗不是幸福，我們也要深深思考，究竟通識教育歷史課程能夠帶給大學畢業生什麼幸福？我覺得這個是很核心的部分，面對知識經濟時代，面對認同自我的元智人，面對未來的社會中堅，歷史課程須要積極明確的定位。最後一個部份就是情境教育這個部份，情境教育就是中華民國通識教育學會一直所強調的正式課程非正式課程潛在課程，潛在課程的安排其實我們在元智大學提供給我們網路上資訊上我看不到這個部份，我們也不曉得在通識教育推廣的過程中的主體應該是通識教育而不是教育課程，那通識教育當作是我們推動的主體的時候，那麼無疑的潛在教育事非常重要的一環，在這樣的情況下我們要讓學生感受到通識教育中心的誠意。

主席：

元智的情境教育是比較缺乏的，北京大學的情境教育很好。

桂齊遜教授：

多元化的開課方式要有規劃，今天生活在台灣我們還是要對台灣本史要有清楚地認識，就像剛剛張弘毅老師所提到的立足台灣，胸懷大陸，放眼世界，或是直接跳脫胸懷大陸，立足台灣，放眼世界，像剛剛所提到的世界文化資產還有張弘毅老師提到的世界史的規劃，我參加過相當多的實務工作，我們今天的課程名稱如果用中國史、世界史這種模式的話，對於學生也許興趣缺缺，他們從國小、國中、高中已經接觸不少的社會課程、歷史課程，來到大學如果我們通識教育用這樣的課程的時候，帶動學生學習力會比較差一點，所以像如果要重視世界觀的情況下，用像世界文化資產這樣名稱去開課，那如果重視世界史的時候用近代西方文化的思潮，要告訴學生的是今天的西方社會。我比較希望開出去的歷史課程能夠是多元化、生活化文化性比較高，不要用太過於僵化的課名開台灣史、中國現代史，中國史這樣的課名，似乎不太好，我蠻喜歡推動古蹟導覽視史學教育生活化，我在桃園縣網站看到桃園這邊有十大古蹟，其中一個是二級古蹟八個是三級古蹟一個是縣定古蹟，我建議說兩週在教室上課，然後安排兩週四個小時的時間到戶外去教學實地去採訪，一定要走出教室，歷史文物的古蹟是一個冰冷的建築物，歷史老師給予它真正的歷史故事描述之後，學生才能真正去了解，我也不是很贊成講座課程，我覺得講座課程現在有很多大學在辦，但是有可能學生聽不懂。

主席：

我們若強調台灣史，如果能夠多參觀學校附近的古蹟也是蠻有幫助的。

李汾陽主任：

關於講座課程這一部份，我並不是完全推翻講座課程的價值，基本上我是不贊成把所有的通識課程講座化，至於課程名稱的問題，對於必修課程部分來說的話，在綜合前面三位老師意見之後來說，我們的課程名稱是不是過於呆板？是不是有可能在課程名稱上面做出一個考慮？是不是可以用這個歷史與文化這樣一個角度去切入，而不要硬切割成中國史或台灣史，用歷史與文化或者是用文化資產專題或是用什麼樣的名稱來介入？對剛剛桂老師提到用鄉土教學古蹟課程來說，我在全國通識教育巡迴講座在第一年的部份，我負責七個學校巡迴講座地方型的，那我的題目就是文化資產專題以古蹟作爲一個討論，在第二梯次的提升大學基礎教育裡面，我所負責的第一個分項，大概也是有關於文化資產的課程設計，把人類活動發展中所遺留下來的軌跡作爲一個重點出發，可以上我們的網站，我在第三年部份加入的是我在前六週設計到關於世界人類文化共同資產這個概念，讓同學清楚了解到現在世界上的脈動大概是什麼，在後面的十二周我強調台灣地區的國定的文化資產部份，在最後四周的部份主要就是有關校外教學的一個層次，我連續做過八個學期的校外教學，所以深深的體會牽涉到問題是蠻大的，包括教育部規定的學生平安險的部份，在行政系統上必須要得到行政的支持，對於學生事前的教育部份，因爲我的校外 教學部份強調的是事前教育，你了解到世界的脈動，在這之間了解到台灣優越文化的特質，最終在去尋找我們長期的目標台灣是不是能被列入世界人類文化共同遺產，事實上對桃園地區來說最近的就是淡水，淡水地區從整個淡水的舊集街一直到對岸的八里，希望作爲多元文化的區域圈。另外在卓越教學計畫裡面強調ＴＡ制度，在ＴＡ制度事實上我們大概經過了八個學期的校外教學整體的試驗結果，制度ＴＡ事後被證明他們的專業度爲逐漸增加，都是來自原先不同的系，但是很明顯的可以看出對他們在學養上的幫助是非常大的，當然老師付出的時間跟心力是更多的，當然這個計畫有第四年，第四年我原先想要規劃的部份有沒有可能把這些的教學經驗和成果去把它制式化，能夠結集，讓我們其他的專任老師在討論到歷史的部份，我們去作課程改革的時候可以從這方面去思考，是不是先把現階段的隔學期開課方式，先暫時用兩種課程或三種課程選擇，當然在課目上面，是不是可以從明確的台灣史或者是中國現代史，轉化爲歷史與文化專題的方式來加以琢磨。

張弘毅教授：

我再補充一些細節方面的看法，我文章附件一清華大學模式跟附件二中山大學模式一般來說是一個很好的參考範本，比如說像清華大學這個模式也在修正當中，未來的走向也不一定，中山大學的模式算是滿受好評的一種，中山大學模式如果是以歷史學作未來思考不見得是好事，因爲歷史思維兩學分不見了，可是我倒是平心而論如果以元智大學的情況來講，如果沒有辦法解決師資上面的問題，其實中山大學模式是一個可以參考的模式，假使師資問題可以解決當然樂見新的元智模式出現這是第一點。第二就是回到課程名稱，我注意到清華模式裡面歷史思維的備註，科目名稱後有標示「史」字之課程，比如世界文化資產是一個很好的 idea，但是名稱要怎麼辦呢？是不是前面要加個歷史呢？我們通識教育課程在想名稱的時候應該是一個是核心化，一個是超越國家界線，我們在思考一個課程的時候學生的個別性也要思考進來。

王怡辰教授：

元智要有一個基本的使命，現在規劃的通識課程將來會變成台灣新興的學校未來他們推動通識教育的範本，因此元智在推動的時候，不應該跟著哪一個學校，應該面對的是台灣未來通識教育的責任，未來一定會有很多學校跟著元智走，所以在規劃的時候應該更宏觀的眼光更有效率的指標去做，歷史領域是非常重要的一件事，我認爲代表過去時間上文化的根，也是未來文化的展望，歷史教育絕對不能留於空泛的學分數跟塡進這課程的學分數思維。第二件事情，我們在面對課程名稱的時候元智大學在設計歷史領域課程的時候是不是合於學校的卓越、務實、宏觀、圓融，例如中國現代史與台灣史要略是否卓越？是否務實？是否宏觀？是否圓融？更何況在核心通識裡面的歷史與思想、歷史人物評斷、建築空間與歷史這些方面的課程，是不是具備卓越？是不是具備務實？是不是具備宏觀？是不是具備圓融？指標性不是空話。再來我們設計的歷史課程是不是符合現今的潮流脈動，當脈動發生問題時需要調整，我們要檢視歷史領域是不是符合學生的需求。另外兩個建議，一個就是是不是有核心通識設計整合性課程的必要，整合性課程應該是一個總論式的，為學生在未來的四年在畢業的前夕或通識教育修的最後一個課程的時候，有結束的感覺，第二個建議在未來新的學分表裏面，我認為外語十二學分部分是不是可以調成叫外文，外文跟外語它基本範疇就是不一樣的，我今天如果將外語放在通識裡面，事實上是有違背通識教育的精神。

主席：

先前在我們經過幾次的討論已經有些修正的意見，其實我們核心通識課程寫六學分，有些建議改成八學分，也就是照顧四個向度卓越、務實、宏觀、圓融，他們覺得這個比選修還重要，選修扣掉兩個學分把它送到核心通識。

桂齊遜教授：

歷史教育課程要多元化、生活化，我不是很支持講座課程，因此在整個通識教育的歷史課程來說應該要到戶外走走，當然對於老師在課程上的負擔，整個行政工作上的壓力都會有，但也必須承認它確實是學生選修課程意願最高的。

主席：

元智彭校長有一個想法，也就是我們的學生在未來進來時，從大一到大四畢業之前，要經過「元智經典五十」的洗禮，將來歷史讀本的部分也會納入。感謝諸位這次的參與，今天的會議到此為止，謝謝。

由通識的觀點談哲學教育《第六次討論會》

通識教育中心「教學卓越計畫」：倫理永續經營——文、史、哲課程整合

時間：九十四年十一月四日上午10:30~12:00

地點：台大校友聯誼社

主席：元智大學通識教育中心王立文主任

與會人員：東吳大學哲學系葉海煙教授、育達商業學院曹秀明教授、元智大學通識教育中心孫長祥教授

紀錄：呂佳思

會議主題：

主席：

先感謝各位撥冗參加這次的討論會，目前元智在通識教育中希望能安排以核心課程的方式，使文史哲教育爲主要課程作規劃，先前已有文學、歷史的會議，這次是哲學課程部分，希望諸位能提供元智通識教育課程安排上一些想法及做法。首先，是否可以請各位談談在目前教學狀況下的困難度或心得分享？再者，什麼樣的哲學課程可以當作核心課程？最後，元智彭宗平校長認爲經典文化有其存在的必要，近期內也將推出「經典五十」作爲畢業條件的構想，也希望各位能提供幾本以通識教育角度之中、西方的哲學經典讀物。

曹秀明教授：

從大學理念與功能的變遷史來看，目前可分爲四期，分別爲中古世紀大學理念與傳統理念相合的「吻合期」，十九世紀末大學以研究爲中心的「發展期」，戰後（一九四五年後）大學出現重研究輕教學，學術專門話並與市場結合的「偏離期」，最後是「衝突期」，在全球化的市場風潮下，市場的效益評估機制，正在衝擊著各國的高等教育，而大學能否維持一個學者組成社群，市場根本不在乎。由於科學主義的興起，科學成爲知識的典範，排擠其他知識的空間。但在知識的三大分類中，科學只是其一，如果當代人將科學當成大學知識結構的典範，是偏頗的，是不完善、不週全的，難怪托爾斯泰會講過一句很重的話：「科學是沒有意義的」，因爲它沒有辦法回答有關「意義」的問題，「並不是指科學本身沒有意義。我們不反對科學，反對科學主義；因爲人類經驗形式是多元的，科學之外還有宗教、藝術、哲學、歷史等，各有其價值」。

台大張則周教授在〈重啓大學生機〉一文中指出：「入大學的目的是在讀大學，而不應僅是在讀大學的某一系，……大學的課程也應以核心的通識課程爲基礎，重新作整體規劃」。他對於大學改革建議提出了三點，第三點就是「重新規劃大學課程」。他認爲可以把大學課程分爲通識課程與專業課程兩大類：通識課程又可分爲一般通識課程與核心課程，取代共同必修科及以「營養」學分爲主的通識課程。一般通識課程分爲人文學、社會科學、幾個領域，學生於一二年級依能力選修；核心課程是經過整合跨系跨院的教授合力設計通識課程的主力課程。對於人文教育的部分，我們要特別加強重視其性質，聯合國文教組提出21世紀的教育應該注重的四個知識維度：第一個是 learning to know，第二個是 learning to do，第三個是 learning to live together，第四個是 learning to be，人是能思想、能做價值判斷者，人的一生由抉擇與行動塑造自我，並因此肯定個體存在與生命的意義，這是人文教育的意義與目的。可以設計一個「主體哲學」課程，從古到今人最關心的問題是「人究竟是什麼？他在天地間佔有什麼位置？他與萬物有怎樣的關係？」人對自己的處境有一種最起碼的反省，但是人並不滿足於這種反省他希望找到自我。人的自我反省過程是他漸漸地意識到自己是主體。主體哲學有二義：第一義是指以人爲主體所做的，能提昇人心、人性，並助人找到人生的意義和目的的哲學思想。第二義指哲學首應面對以人爲主體的面向，包括人的存在、人的生存、人的來源與目的；其次才以人的客體（客體是相對於人這個主體而言）爲研究的對象。第二義的發展，消極的來說不應傷害第一義的存在；積極的來說應協助第一義的發展，這是主體哲學的基本秩序。主體哲學的提倡，可面對「生命的意義與目的」感到困惑，以致人生觀不明、價值觀倒置的現象。可考慮開設：

大學理念（或大學理念與文化）（大一）－東、西方文化學（進階課程）

人生哲學（大一、大二）－宗教哲學（進階課程）

生命倫理（或基礎倫理大三上）－專業倫理（必修課程）

孫長祥教授：

個人認爲以主題來設計通識中的哲學課程的是一種很好的方法。文史哲的課程是人文素養教育的核心，有關哲學方面文化經典是一個國家文化長期發展積累而成的寶藏，確實值得倡導。而以「經典」爲主的通識教育目的在讓學生對自己的文化、思想、歷史、來源等有同情的理解與「認同」，經典教育關係到文化認同的問題，認同的範圍可以小至自我、校園認同，大至國家、文化認同都包含其中。以此爲主軸思考與設計元智通識教育中的哲學核心課程，個人以爲除了哲學概論普遍的介紹基本理論之外，倫理學、思想方法兩門課可以做爲哲學領域的核心課程。倫理學的課程涉及個人的自我認同、自我塑造，激發個人的道德使命感；再搭配專業倫理學的課程，可以幫助學生發揮責任與義務的道德觀念，了解自己未來的工作的定位，以及對全體人群的貢獻，而不是自私自利的利己而已，所以個人認為在倫理課程方面，宜基礎倫理與專業倫理並重。其次爲了訓練學生有獨立思考、批判與創新的能力，宜設計邏輯、思想方法方面的核心課程。而邏輯是比較嚴格的思維工具訓練；思想方法論的課程以個人在元智開設多年的經驗而言，對大學部的學生或許有些困難，但仍有相當比例的學生能夠接受，如果多方面考量，似乎可以以傳統的「理則學」做爲思想方法訓練的課程名稱，因爲理則學的一名稱的範圍較廣，包含各種不同的思維理則，或許可以將邏輯與思想方法論的內容納入其中。另外在倫理學課程與師資培訓方面，可以與學校這次頂尖研究、教學的計劃相結合，規劃擔任倫理學的教授們，甚至全校教師，共同參與的倫理學講習，推動全校的倫理教育的整體發展與落實。並建立校園認同，塑造校園的倫理文化。至於「經典五十」的方面，在中國哲學、文化經典方面，錢穆先生曾經提倡中國人必讀的六本書：論語、孟子、老子、莊子、六祖壇經、陽明傳習錄，可以列入通識的「經典五十」系列中。而關於西方的經典方面，可以考慮尋找具有西方哲學發展過程中，最具影響力的經典，個人以爲除了古代經典之外，也可以考慮最具有影響到現代的西方近代哲學經典，或者現代的新經典等等，如經驗主義、理性主義，笛卡爾的沉思錄、洛克的人類悟性論、康德的純粹理性批判等等哲學家的著作，不過由於這些經典大多較深奧，大家可以再討論斟酌，選擇適合通識教育使用的經典。

葉海煙教授：

從大學教育的核心意義——人文〈humanities〉之教育與博雅〈liberal arts〉之教育的觀點看來，哲學課程在大學的通識教育裡份量實不可謂不重；然而，在當代知識已然分科化、專業化甚至技術化的走向中，傳統學問所具有的「人文性」、「通識性」與「哲學性」卻出現了欲振乏力的疲態。在哲學思考與哲學心靈相互爲用的人文化成之中，如何一方面保留著哲學傳統之精神特色，又一方面開發出哲學問題的當代意含，顯然是所有以哲學教育自任自期者不能不面對的課題。如此，在專技與通識兩不相侵的基本原則之下，哲學課程和通識教育的相交與相遇，便理當是一件美好的事，而我們也就可以從下列三個面向來回應：「『哲學』究竟可以如何『通識化』？」

（一）就教材看來，哲學的通識化勢必經過一種學術的加工，而這所謂的「加工」卻不能只停留在語言文字的中介與課程科目的包裹。基本上，通識教育是可以從「哲學」得到一些基礎的啓發與必要的滋養。因此，在哲學不捨其固有之學術邏輯的同時，吾人顯然大有機會從所謂的「基本哲學」找到一些足以「入乎其中」又「出乎其外」的轉化路徑——如此既能固守老本，卻也不失週邊效益的實踐策略，是依然可能在現代高等學府裡大行其道。因此，哲學文本之解讀與哲學問題之闡析，若能與吾人所處之生活世界發生多樣性的意義連繫，則哲學之通識化便可以在教材的編撰、重組與不斷的調整過程中得到具體的印證。

（二）就教法看來，通識教育裡的哲學課除了沿襲已久的邏輯與哲學概論外，大多已在科際整合以及橫跨學科界限的穿越性引領之下，出現了「什麼」和「什麼」的多變組合——這些課程的名目與內容實不乏新奇眩目而大有可觀者；然就哲學作爲人文知識的基石而言，「哲學」這大家庭在日益縮編而逐漸步入專門或獨門蹊徑的過程中，通識之精神與理想竟不啻是一劑救命之丹藥，讓那些時而搔首冥想，時而放言高論的哲學家們轉身回到當代社會的水平面上，來面對其他學科的挑戰，來思考文化與生活、修養與人格，以及生命與價值觀等關鍵性問題，而這就非進行流暢、開放而有效的師生對話不可——這又豈能不講究教學之方法，以及教學方法之落實？然而，方法盡在一心，而用心之妙實非通過經驗之積累與範例之琢磨不可。

（三）就教學之目的與效力看來，坊間「哲普」之書彷彿可以自在地游走於通識教育的哲學課堂；不過，對一個站立在講台上侃侃而談的教書匠而言，「相信哲學」又豈能徒托空言？「深化通識」則大可不必汲汲攀附學術之象牙塔；也就是說，讓「哲學」搖身爲通識之柱石，便理當是一項志業，而以「觀念」爲橋樑，以「通識」爲目的，並從而努力經營一些具有知識嚴格性與思維嚴謹性的哲學言說，其效力似乎已不必坐等他人評鑑了。

對於通識教育的師資部分，東吳校長有個堅持：不一定要請大師級人物來教通識課程，但一定是要資深教師不可。

主席：

謝謝各位的陳述。關於本校「經典五十」的計畫推動，是否可以請諸位幫我們推薦幾本經典讀物？

中國哲學：

《論語》、《孟子》、《莊子》、《老子》、《六祖壇經》、《王陽明傳習錄》。

西方哲學：

《柏拉圖對話錄》、《查拉圖斯特拉如是說》（尼釆）、《哲學問題》（羅素）《人類悟性論》（洛克）、《培根論文集》、《哲學故事》（威爾·杜蘭）、《西方的沒落》（史賓格勒）。

國家圖書館出版品預行編目資料

通識教育文史哲課程對話錄: / -- 王立文編著

初版. -- 臺北市：文史哲, 民 94

頁： 公分.（元智通識叢書教育系列）

ISBN 957-549-646-9 (平裝)

525.42

元智通識叢書教育系列

通識教育文史哲課程對話錄

編著者：王立文
著作財產權人：王立文
倡印者：元智大學
桃園縣中壢市內壢遠東路一三五號
電話：886-3-4638800
出版者：文史哲出版社
http://www.lapen.com.tw
登記證字號：行政院新聞局版臺業字五三三七號
發行人：彭正雄
發行所：文史哲出版社
印刷者：文史哲出版社
臺北市羅斯福路一段七十二巷四號
郵政劃撥帳號：一六一八〇一七五
電話886-2-23511028・傳真886-2-23965656

實價新臺幣二〇〇元

中華民國九十四年（2005）十二月初版

ISBN 957-549-646-9